LA PRATIQUE DU LEADERSHIP PARTAGÉ

paramètres

Édith Luc et Meryem Le Saget

LA PRATIQUE DU LEADERSHIP PARTAGÉ

Une stratégie gagnante

Les Presses de l'Université de Montréal

Catalogage avant publication de Bibliothèque et Archives nationales du Québec et Bibliothèque et Archives Canada

Luc, Édith, 1953-

La pratique du leadership partagé. Une stratégie gagnante

(Paramètres)
Comprend des réf. bibliogr.

ISBN 978-2-7606-3152-6

1. Leadership. 2. Gestion d'entreprise. 3. Leaders - Attitudes. 4. Efficacité organisationnelle. I. Le Saget, Meryem. II. Titre. III. Collection: Paramètres.

HD57.7.L832 2013 658.4'092 C2013-940640-9

ISBN (papier): 978-2-7606-3152-6
ISBN (pdf): 978-2-7606-3190-8
ISBN (epub): 978-2-7606-3191-5

Dépôt légal: 2e trimestre 2013
Bibliothèque et Archives nationales du Québec

Les Presses de l'Université de Montréal reconnaissent l'aide financière du gouvernement du Canada par l'entremise du Fonds du livre du Canada pour leurs activités d'édition.
Les Presses de l'Université de Montréal remercient de leur soutien financier le Conseil des arts du Canada et la Société de développement des entreprises culturelles du Québec (SODEC).

IMPRIMÉ AU CANADA

À Michel, Jean-Alexandre et Maxence
(E. L.)

Aux nouvelles générations de leaders qui souhaitent
pratiquer le leadership partagé
(M. L.)

À nos clients et amis qui nous amènent à nous dépasser sans cesse.

Remerciements

Nous remercions chaleureusement tous ceux qui nous ont aidées à réaliser ce livre, qui nous ont accueillies au sein de leur organisation et qui ont accepté de participer aux entrevues. Merci également aux leaders qui, grâce à leur approche collaborative, sont l'illustration même des nouveaux modèles de leadership décrits dans ce livre.

Il est malheureusement impossible de souligner la contribution de tous, mais nous tenons à remercier spécialement les principaux leaders, notamment Ronnie Bauch et Ayden Adler de l'orchestre Orpheus ; Denis Ross, Réginald Moreau et Marc Genest des Innus d'Essipit ; Cécile Diversy du groupe Danone ; Damien Deleplanque et Régis Degelcke du Groupe Adeo ainsi que Philippe Zimmermann de Leroy Merlin ; Dr Hartley Stern et Johanne Boileau de l'Hôpital général juif de Montréal ; Dr Louis-Philippe Amiot de Zimmer CAS ; Jocelyn Francoeur et José Tarantini de Michelin. À l'école Tourterelle, nous remercions plus particulièrement Huguette Drouin, coauteure avec Édith Luc d'un article sur le leadership au sein de cette école, Jean-Pierre Picard, cofondateur et ancien directeur, Lyne Labrecque, directrice, et Annie Cliche, présidente du conseil d'établissement.

Nous remercions également l'équipe des Presses de l'Université de Montréal pour son soutien constant, ainsi que tous ceux qui contribuent par leurs actions et leurs réflexions à l'avancement de la pratique du leadership partagé dans des organisations toujours plus humaines, performantes et innovantes !

INTRODUCTION

La dimension collective du leadership

Qu'est-ce que le leadership partagé ? S'agit-il d'une dilution du pouvoir dans l'organisation ou dans la société, en dehors du contrôle de la direction ? Est-ce un nouveau nom donné aux approches participatives dans l'entreprise ? La réponse est ni l'un, ni l'autre. En fait, le leadership partagé rend compte de la dimension collective et collaborative dans l'exercice de l'influence au sein d'un groupe mobilisé autour d'un but commun.

Le leadership partagé[1] est donc un processus d'influence, dynamique et réciproque, entre les membres d'un groupe mobilisés ensemble pour atteindre une même cible. Le leadership partagé entre tous met à contribution celui de chaque individu tout en étant complémentaire du leadership vertical, celui qu'exerce l'autorité hiérarchique. Le chef n'est plus le seul à motiver, à mobiliser, à déterminer ou à résoudre les problèmes ; les membres du groupe ont la responsabilité de se mobiliser et de s'influencer mutuellement afin de réaliser leur mission commune.

D'autres « construits » s'apparentent à celui du leadership partagé dont, notamment le leadership distribué, le coleadership, le leadership collectif ou collaboratif. Tous font appel au même processus de collaboration[2].

1. Le concept est apparu pour la première fois en 1924 dans les écrits de Mary Parker-Folett, reconnue par Peter Drucker comme un prophète du management.

2. Le leadership distribué et le leadership partagé sont souvent définis de façon interchangeable dans la documentation sur le sujet. Le coleadership concerne surtout la direction partagée entre deux partenaires. Le leadership

Les études à ce jour démontrent clairement que cette forme collective de leadership apporte des résultats supérieurs aux formes plus traditionnelles centrées sur un leader unique, soit plus de ventes, plus d'innovation, une qualité supérieure des solutions et une performance financière accrue (Wassenaar et Pearce, 2012)[3]. Le leadership partagé prédirait également l'efficacité dans l'implantation de changements organisationnels[4]. De plus, un tel exercice par plusieurs autour du même but serait lié positivement à la satisfaction des membres, à leur motivation, à leur engagement, à la cohésion et à l'intégration de nouveaux membres, qu'ils soient de même culture comme d'autres cultures[5]. D'autres études ont aussi démontré que le leadership partagé a une influence positive sur les équipes, quant à la confiance qu'elles éprouvent, à leur perception d'efficacité personnelle et au sentiment d'efficacité collective. Même la qualité des communications et la capacité à se concentrer en groupe pour trouver des solutions sont améliorées[6]. Il existerait aussi une influence sur la mémoire collective, alors que les membres ont une plus grande propension à se souvenir des talents et des compétences de leurs collègues. Le leadership partagé augmenterait également la perception d'efficacité qu'ont les supérieurs hiérarchiques et les clients internes.

collectif se rapproche des termes du leadership partagé. Mais il est parfois défini comme le résultat obtenu par une communauté ou une équipe et moins comme un processus d'influence.

3. Wassanaar, C.L. et Pearce, C.L. (2012), Shared Leadership 2.0. A glimpse into the state of the field, dans M. Uhl et S.M. Ospina (dir.), *Advancing relational leadership research, a dialogue among perspectives*, Charlotte, NC: IAP, p. 421-432.

4. Pearce, C.L. et Sims, H.P. (2002), Vertical vs shared leadership as predictor of the effectiveness of change management teams: An examination of aversive, directive, transactional, transformational, and empowering leader behaviors. *Group Dynamics, Theory, Research and Practice*, p. 172-197.

5. Avolio, B.J., Jung, D., Murray, W. et Sivasubramaniam, N. (1996). Building highly developped teams: Focusing on shared leadership process, efficacy, trust and performance dans M. Beyerlein, D.A. Jonhson et S.T. Beyerlein (dir.), *Advances in interdisciplinary studies of work teams*, Greewich, CT: JAI Press, p. 173-209. Rodriguez, C. (2005), émergence of a third culture: Shared leadership in international strategic alliances, *International Marketing Review*, vol. 22, n° 2, p. 44-55.

6. Solanski, S.T. (2008), Leadership style and team processes in self-managed teams, *Journal of Leadership and Organisational Studies*, vol. 4, n° 4, p. 332-341.

Les membres des équipes qui travaillent en leadership partagé sont aussi plus enclins à développer et à reproduire des comportements de leadership dans d'autres contextes[7]. Le degré de stress s'en retrouve réduit pour les managers eux-mêmes lorsque le leadership est partagé, ces derniers se sentant davantage soutenus[8].

Les résultats d'une étude de Ensley et al. (2006) sur le style de gestion de 500 entreprises et leur succès prouvent par ailleurs que les organisations les plus performantes d'un point de vue financier sont celles qui sont organisées autour d'équipes opérant en leadership partagé. Les auteurs concluent à l'importance de former les équipes elles-mêmes au leadership, plutôt que de ne former que les responsables hiérarchiques[9]. Pour Kazanti, une combinaison entre le leadership vertical et le leadership partagé s'avère le meilleur garant d'une performance supérieure au sein des équipes comme au sein des organisations[10].

Pourquoi donner une attention à la dimension collective du leadership et à sa pratique ?

D'une part, la question de la pratique même du leadership partagé nous est posée de plus en plus souvent dans le cadre de nos interventions en entreprises. On nous demande fréquemment comment d'autres s'y prennent afin d'apprendre des meilleures pratiques sur le sujet.

D'autre part, le temps est venu de rendre compte de cette forme collective d'exercice du leadership qui correspond davantage aux attentes des travailleurs du savoir et aux besoins d'un siècle marqué par une com-

7. Hooker, C. et Csikszentmihaly, M. (2003), Flow, creativity and shared leadership : Rethinking the motivation and structuring of knowledge work. In C.L. Pearce et J.A. Conger (dir.), *Shared Leadership : Reframing the hows and whys of leadership*, Thousand Oaks, CA : Sage, p. 217-234.

8. Wood, M.S. et Fields, D. (2006), Exploring the impact of shared leadership on management team member job outcomes, *Baltic Journal of Management*, vol.2, n° 3, p. 251-272.

9. Ensley, M.D., Hmieleski, K.M. et Pearce, C.L. (2006), The importance of vertical and shared leadership within new venture top management teams : Implications for the performance of start-ups. *Leadership Quaterly*, vol. 17, n° 3, p. 217-231.

10. Kazantzi, K. (2010), *Do we need any more hierarchical structures ? Combining vertical and shared leadership considering the organizational culture, structures and processes.* http ://www.wu.ac.at/iaccm/files/iaccm10/Papers/Kazantzi__Kerassa.pdf

plexité et une hyperconnectivité dans les défis et dans les moyens de communication.

Durant l'ère industrielle, le paradigme sous-tendant l'étude du leadership a été dominé par une conception de celui-ci comme la propriété de la personne même du leader. Cette conception a caractérisé la recherche pendant plus de cent ans et a amené les chercheurs à examiner les caractéristiques personnelles, les comportements, les compétences, l'ascendant des individus reconnus comme des leaders ou encore leurs « disciples ». Les pratiques de sélection, de promotion et de développement des capacités de leadership dans les organisations ont été largement tributaires de ce paradigme centré sur l'individu.

À l'ère post-industrielle, cette conception du leadership devient de plus en plus limitative et incomplète. Une telle représentation individuelle du leadership, et les pratiques qui en découlent, laisse de côté tout le capital collectif dorénavant disponible.

Dans cette ère du savoir qui est la nôtre, les expertises sont continuellement décuplées ; la capacité de résoudre des problèmes se situe à tous les paliers de l'organisation ; les équipes constituent le noyau central des organisations ; les structures organisationnelles sont aplanies et, enfin, les technologies de communications démocratisent l'information tout en favorisant de nouveaux moyens de collaboration. Cette tendance ne fera que s'accentuer.

Les conclusions des travaux de recherche du groupe Hay[11] sur le leadership des années 2030 font ressortir que la tâche qui attend les organisations dans les années à venir sera telle qu'il relève de l'utopie de croire que seuls ceux qui sont à la tête d'une organisation sauront circonscrire les défis et penser les stratégies pour y répondre, puis mobiliser le reste de l'organisation pour y faire face. L'une de leurs conclusions est que le leadership devra s'exercer autrement, favoriser davantage la collaboration au sein des groupes mais aussi entre les groupes, à l'intérieur comme à l'extérieur de l'organisation. Les 20 meilleures entreprises ont, concluent les auteurs, déjà saisi l'ampleur des défis à venir et s'attachent désormais à développer le leadership à tous les échelons de l'organisation, et non pas uniquement au haut de la pyramide.

11. HayGroup (2011), *Building the new leader, leadership challenges of the future revealed,* http ://www.haygroup.com/leadership2030/downloads/hay_groupleadership_2030_whitepaper.pdf

Ce livre montre concrètement que cette forme de leadership se pratique déjà. Il s'inscrit dans un effort de rendre compte des diverses pratiques en leadership partagé telles qu'elles sont déjà utilisées au sein d'organisations performantes en espérant que le lecteur y trouvera une source d'inspiration applicable à son propre contexte. Alors que le succès des organisations repose de plus en plus sur le capital intellectuel de ses membres, il devient impératif de comprendre comment se pratique le leadership partagé.

Pour réaliser ce projet, une trentaine de cas de leadership partagé ont d'abord été répertoriés avant que soient analysés huit d'entre eux. Plus de 150 entrevues ont été menées afin d'expliquer la dynamique du leadership telle qu'elle est vécue par les membres de ces divers groupes. Des rencontres, des observations ou des visites anonymes ont eu lieu lorsque le milieu s'y prêtait (par exemple, s'il s'agit d'un commerce). L'évolution et la performance de chacune de ces organisations ont aussi été scrutées à la loupe.

Pour tous ces profils, le choix de la méthode des cas est motivé notamment par le fait que la recherche sur le leadership partagé en est encore à ses premiers balbutiements et qu'il nous faut d'abord comprendre plus largement ce dont il s'agit. L'étude de cas rend compte à la fois des éléments de contenu et de contexte et permet l'utilisation de méthodes multiples de collecte de données.

Les huit profils ont été choisis parce qu'ils offrent aux lecteurs une variété de perspectives et d'applications possibles ; chacun a sa propre histoire, évolue dans un contexte d'affaires différent et répond à des enjeux divers. Mais quoique opérant dans des secteurs d'activités différents, chaque profil illustre des leçons et des pratiques qu'on peut généraliser à tout autre milieu. La littérature montre d'ailleurs que cet exercice collectif du leadership apporte des résultats supérieurs dans de multiples milieux et dans divers secteurs d'activités. Le leadership partagé autour du même but s'avère une force collective, que ce soit dans le domaine manufacturier, culturel, commercial, de l'éducation, de la santé ou des services conseils ; pour des entreprises privées ou cotées en bourse comme pour des familles en affaires.

Les huit profils sont issus d'entreprises qui figurent comme des leaders dans leurs domaines tels que Danone, Michelin, Zimmer CAS et Leroy Merlin, un acteur majeur sur le marché mondial de la construction, de la rénovation et de la décoration domiciliaires. Trois autres cas sont des organisations sans but lucratif également reconnues pour leurs réalisations supérieures. Il s'agit de l'orchestre de chambre Orpheus de New York, de l'Hôpital général juif de Montréal et de l'école Tourterelle au Québec. Un autre profil est celui de la Première Nation des Innus d'Essipit sur la Côte-Nord du Québec. Toutes ces organisations, de même que la société innue d'Essipit, ont reçu au fil des ans la reconnaissance publique de diverses sources pour leurs réussites, mais aussi pour la qualité du climat de travail qui y règne.

Chaque profil fait l'objet d'un chapitre en particulier et le dernier propose une synthèse des observations en lien avec les fondements théoriques. Le lecteur peut lire à sa guise les divers chapitres dans l'ordre qui lui convient sans que cela nuise à sa compréhension. Voici cependant un aperçu des huit profils présentés dans cet ordre.

Orpheus. Ce premier profil permet de faire la démonstration que, loin d'être anarchique, le leadership partagé exige une discipline, des processus clairs et l'acquisition de nouvelles compétences. Orpheus est un orchestre de chambre de 27 musiciens, qui opère sans chef depuis plus de 40 ans et dont les membres peuvent diriger durant l'année et à tour de rôle les divers programmes musicaux prévus. Cet orchestre de New York est reconnu internationalement pour la très grande qualité de ses prestations. Le taux de roulement y est l'un des plus bas dans l'industrie.

Innus d'Essipit. Le deuxième profil est celui de la communauté montagnaise des Escoumins, qu'on appelle dorénavant la communauté innue d'Essipit, située sur la Côte-Nord au Québec. Cette société, qui compte quelques centaines de membres, est passée en l'espace de 30 ans d'un état d'indigence sociale, matérielle, financière et infrastructurelle à un état de société fière, forte financièrement et de plus en plus maîtresse de son destin. Ce profil montre l'importance de rallier la volonté collective autour d'une vision commune et illustre le fait qu'un groupe peut changer sa destinée même lorsque les communautés qui l'environnent ne croient plus en lui.

Danone. La fonction ressources humaines de la région Asie-Pacifique de Danone a adopté une approche de vision partagée pour le recrutement, le développement et la rétention des talents. Plus de 200 dirigeants, fournisseurs de services et experts universitaires ont conjugué leurs savoirs et leur savoir-faire lors de diverses séances de travail afin de se donner une mission commune et des orientations stratégiques en matière de dotation des ressources humaines dans cette région du monde. Ce leadership partagé a permis de mobiliser, dès ses débuts, les différents partenaires et de s'assurer de leur collaboration dans l'implantation des actions décidées ensemble. Les résultats quantitatifs et qualitatifs sont remarquables : une concertation accrue, une plus grande cohérence dans les messages, des taux d'attraction et de rétention plus élevés, et ce, en très peu de temps. Ce profil fait ressortir la puissance du leadership partagé lorsqu'une entreprise souhaite apporter des changements dans ses façons de faire. Il illustre également qu'une conception collective du leadership favorise le décloisonnement des frontières organisationnelles dans l'intérêt commun de tous.

Leroy Merlin. La firme Leroy Merlin est l'un des leaders mondiaux dans le domaine de la distribution de produits et de services pour la construction, la rénovation et la décoration de maison. Sous l'égide de quelques-uns de ses directeurs, l'entreprise a eu l'audace de concevoir une vision partagée sur un horizon de 10 ans avec 10 000 membres de son personnel. Cette initiative est sans précédent. Elle n'est longue et coûteuse qu'en apparence, puisque les résultats sont concluants en ce qui concerne aussi bien les revenus et la mobilisation que le développement de nouvelles compétences dans l'ensemble du personnel. Les retombées se manifestent dans la qualité des services aux clients, l'augmentation des revenus, la mobilisation, les apprentissages réalisés durant la démarche elle-même ainsi que dans l'entrepreneuriat démontré sur le terrain. Ce quatrième profil décrit les quatre principaux piliers de son leadership partagé : le partage du pouvoir, de l'avoir, du savoir et du vouloir.

Michelin. Ce ne sont sûrement pas toutes les organisations qui ont le loisir ou les moyens de mettre en œuvre une démarche de leadership partagé sur une grande échelle, comme l'ont fait les organisations des deux profils précédents. Le cinquième profil est davantage à la portée de toutes les entreprises. Il s'agit d'un groupe d'experts au sein de Michelin qui, sans structure initiale ni demande de la part de leur hiérarchie, ont décidé de mettre en commun leur capital de leadership respectif afin d'établir leur nouveau rôle dans l'organisation. Ce type de profil montre qu'il est possible de s'approprier une part de leadership et de se mobiliser collectivement sans que cela soit une initiative de l'autorité formelle en place.

Zimmer CAS (anciennement OrthoSoft). OrthoSoft était une entreprise québécoise dédiée à la chirurgie assistée par ordinateur au moment de son intégration avec Zimmer, un leader international de produits orthopédiques. Grâce à la mentalité de leadership partagé déjà bien ancrée chez OrthoSoft, les deux entités ont pu conjuguer rapidement leurs deux cultures organisationnelles et collaborer afin de créer des innovations technologiques. Ce profil illustre la force de collaboration dans le processus d'innovation technologique et son importance lors de fusions-acquisitions, lesquelles sont souvent vouées à l'échec. Le défi de l'entité divisionnelle, devenue Zimmer CAS (Computer Assisted Surgery), consiste désormais à maintenir cette approche du leadership partagé, alors que de nouveaux membres se joignent à la division montréalaise et que la spécialisation des rôles s'accélère dans cette entreprise mondiale.

École Tourterelle. Une revue de la littérature sur le leadership dans le milieu de l'enseignement révèle que la performance scolaire des élèves est supérieure dans les écoles qui adoptent une approche de leadership partagé. L'école Tourterelle, située près de Montréal, travaille de la sorte depuis plusieurs années et affiche des résultats positifs tant sur le plan de la performance scolaire que sur celui de l'appui des parents et sur celui de leur satisfaction. Parents, enseignants et direction vivent dans un esprit de responsabilité partagée tant pour les résultats que pour les efforts en vue d'obtenir ces résultats. Cette coresponsabilité est sollicitée lorsqu'il faut prendre une décision, résoudre un problème, gérer les communications ou les conflits et réfléchir sur les apprentissages effectués. Outre un leadership partagé entre les diverses parties prenantes, ce profil fait ressortir la résilience nécessaire pour changer les anciens paradigmes de fonctionnement et amener les membres d'un groupe à collaborer d'une manière différente pour la réalisation d'une cause commune, dans ce cas-ci le développement des enfants.

Hôpital général juif de Montréal. Ce profil est celui de l'Hôpital général juif de Montréal qui n'a de juif que le nom que lui ont donné ses fondateurs et ses premiers bienfaiteurs, puisque la majorité de la clientèle est issue de 140 autres cultures et que le personnel est constitué en majorité d'anglophones et de francophones de toutes nationalités et confessions religieuses. Les organismes de soins de santé ont tous la même mission. Mais ce qui distingue cet établissement est le coleadership entre le médecin et l'infirmière dans la prise de décisions concernant le protocole de traitement et de suivi du patient. Les deux deviennent des partenaires, chacun apportant son savoir-faire dans une démarche de collaboration, dans l'intérêt premier du patient. Le médecin est appuyé par une infirmière plus apte et plus engagée à suivre le patient, puisqu'elle a participé à la prise de décisions et à l'établissement du protocole de suivi. Ce profil permet de comprendre l'importance que peut prendre la culture organisationnelle pour que les initiatives de leadership partagé deviennent durables.

Devant la diversité des exemples, le lecteur comprendra que le leadership partagé peut être une approche systématique dans l'ensemble d'une organisation et s'inscrire dans la durée, comme il peut être ponctuel au sein d'un groupe et s'inscrire dans un temps relativement court. Il peut être émergeant et temporaire comme il peut être implanté systématiquement et devenir une caractéristique de la culture organisationnelle. Chaque profil apporte un éclairage différent sur la pratique du leadership partagé, mais le message reste le même d'un cas à l'autre : il faut collaborer pour réussir ensemble.

* * *

L'objet de ce livre est de contribuer à la compréhension du leadership partagé, ses pratiques, ses défis et ses bénéfices, en exposant de façon pragmatique des cas pour aider le lecteur à mieux comprendre comment il peut se déployer dans divers milieux.

Le leadership partagé fait l'objet d'un intérêt croissant de la recherche tant empirique que théorique. Cependant, les résultats de ces recherches ont été diffusés surtout dans le milieu scientifique et n'ont pas eu un grand rayonnement par ailleurs. Ce livre est une première en ce qu'il permet à ceux qui pratiquent déjà cette force de pouvoir témoigner de leurs expériences à un lectorat élargi. Aucune autre publication à ce jour ne présente une telle variété de cas sur le sujet, ni un tel répertoire de pratiques, tout en donnant la parole aux praticiens eux-mêmes. En ce sens, il est une pierre angulaire dans la recherche et la pratique du leadership partagé.

Nous espérons qu'il inspirera le lecteur à la fois en lui montrant des histoires réussies et en lui donnant des clés pour appliquer à son contexte les principes puissants du leadership partagé.

CHAPITRE 1

Orpheus : orchestrer la collaboration

L'orchestre Orpheus est un orchestre de chambre sans chef dont les 27 musiciens choisissent ensemble les programmes musicaux, la façon d'interpréter les œuvres et la conduite souhaitée de leur ensemble musical lors des concerts et des répétitions. Situé à New York, cet orchestre se produit régulièrement au Carnegie Hall, a obtenu de nombreux prix internationaux et est reconnu dans le monde entier pour la très grande sensibilité de ses interprétations, son vaste répertoire et sa musicographie. Depuis les débuts de cet orchestre, il y a un peu plus de 40 ans, ses membres ont mis au point les principes de leur leadership collaboratif, qu'ils transmettent dorénavant à l'intérieur de programmes d'éducation dédiés surtout aux musiciens, mais aussi aux entreprises.

Un orchestre est une communauté fortement hiérarchisée. Il s'agit d'une véritable microsociété où se retrouvent autant de styles d'orchestres qu'il y a de variantes sur le plan des groupes humains : parfois mobilisés, parfois désintéressés, parfois exigeants et parfois ennuyés. Une chose semble sûre, explique Christian Merlin, musicologue et auteur du livre *Au cœur de l'orchestre*, c'est que tous les chefs d'orchestre aiment par-dessus tout la discipline, l'exécution sans faille, et préfèrent repousser tout questionnement parmi les musiciens, alors que ces derniers souhaiteraient davantage de possibilités de faire valoir leurs points de vue.

Mais les chefs d'orchestre sont résistants, et plusieurs sont tout simplement hostiles à l'idée d'entendre les points de vue des musiciens sur l'interprétation à donner aux partitions[1]. Pourtant, les moins expérimentés

1. H. Seifter (2001), *Leadership ensemble : lessons in collaborative management from the world's only conductorless orchestra*, New York, Times Books, p. 10.

parmi les musiciens jouent de leur instrument depuis au moins 20 ans en plus d'avoir réalisé de longues études en solfège, en harmonie, en interprétation ou en musicologie. C'est donc dire qu'ils auraient des idées à partager sur le choix des programmes musicaux et leur interprétation.

Cette relation hiérarchique tendue entre les chefs d'orchestre et les musiciens expliquerait peut-être les résultats d'une étude menée par le professeur Hackman de l'université Harvard[2], selon laquelle les musiciens des orchestres symphoniques, quoique très motivés, ne cotent pas très haut ni en matière de satisfaction générale, ni en termes de satisfaction quant aux possibilités de carrière. En effet, parmi 13 groupes étudiés, tels que des équipages d'avion, des équipes de vente ou des équipes de hockey professionnel, les musiciens d'orchestre symphonique se situent derrière les gardiens de prison en matière de satisfaction générale et de possibilités de carrière, les gardiens de prison étant légèrement plus satisfaits.

Selon Ayden Adler, directrice administrative d'Orpheus, le taux de roulement élevé dans les orchestres traditionnels serait dû en partie « au manque de partenariat entre les chefs d'orchestre et les musiciens, et au potentiel d'innovation et d'expression artistique limité par les chefs d'orchestre qui imposent aux musiciens leur propre et unique vision des compositions ». À son avis, la communication doit être améliorée entre le chef d'orchestre et les musiciens, et entre les musiciens eux-mêmes, afin de faire de l'orchestre un milieu plus satisfaisant.

Une brève incursion dans l'histoire orchestrale nous apprend par ailleurs que la venue du chef d'orchestre est récente. En effet, ce rôle professionnel et hautement spécialisé ne date que des débuts du XIXe siècle et constituait alors une rupture avec le passé. Le premier chef d'orchestre dirigeant avec un bâton aurait été Carl Maria von Weber (1786-1826) ou encore Louis Spohr (1784-1859). Auparavant, les musiciens eux-mêmes, souvent le premier violon ou encore le compositeur, prenaient la responsabilité de diriger les ensembles musicaux[3]. À titre d'exemple, Bach, Mozart et Beethoven ont tous dirigé leurs musiciens alors qu'ils jouaient eux-mêmes de leur instrument.

2. J. Allemendigger, R. Hackman et E. Lehman (1996), « Life and work in symphony orchestras : An interview with Richard Hackman », *The Musical Quarterly*, vol. 80, n° 2, été, p. 194-219.

3. M. Perelman (2011), *Invisible handcuffs of capitalism : how market tyranny stifles the economy by stunting workers*, New York, Monthly Review Press, p. 290.

La délégation de la direction d'ensemble à une seule personne ne s'est pas faite sans heurts. Schumann s'y est opposé et Stravinski l'a dénoncée comme l'emprise d'un dictateur en plus de souligner la compétition négative entre chefs d'orchestre, de même que la création de prima donna[4]. Même les spectateurs s'y opposeront, offusqués d'une pratique qui leur tourne dorénavant le dos, puisque celui qui dirige ne fait plus face au public mais bien à l'orchestre !

Les ensembles de musique, jusqu'à la venue du chef d'orchestre, embrassaient auparavant un large répertoire alliant différents genres musicaux, variant entre des pièces symphoniques et des pièces folkloriques. Mais peu à peu, il est apparu de mauvais goût de jouer une musique autre que la musique classique ou baroque. Au fil des époques, l'orchestration symphonique est devenue réservée de plus en plus aux classes bourgeoises, qui se dissociaient ainsi des classes populaires. Le coût des billets, et sans doute peut-être le code vestimentaire attendu du public, allait poursuivre la distinction sociale amorcée par le répertoire offert au public.

Cette ère connaîtrait-elle cependant une nouvelle transformation ? En effet, les difficultés économiques des orchestres symphoniques et la participation citoyenne de certains autres orchestres amènent dorénavant le milieu de l'orchestration à se réinventer. À ce titre, mentionnons le programme public d'éducation musicale vénézuélien *El Sistema*, dont la mission est la protection de la jeunesse défavorisée grâce à la formation d'orchestres pour les jeunes. Un autre exemple est celui de l'orchestre de chambre Orpheus, décrit dans ce chapitre, qui montre un leadership partagé au sein de l'orchestre en plus d'élargir autant le répertoire musical que les activités éducatives.

La description de ce profil a été rendue possible grâce à des entretiens réalisés à New York avec l'un des premiers musiciens à se joindre à cette aventure en 1975, Ronnie Bauch, et la directrice générale, la D[re] Ayden Adler. Des observations de leur performance ont également eu lieu, en plus d'être complétées par l'analyse de diverses critiques musicales du milieu journalistique. D'autres documents ont été étudiés, dont le livre d'un précédent directeur d'Orpheus, Harvey Seifter, *Leadership Ensemble*, qui décrit les principes du leadership collaboratif de cet orchestre. Enfin, le texte sommaire de ce chapitre a été validé par Ronnie Bauch.

4. *Ibid.*, p. 291.

Nous décrivons l'histoire des débuts de cet orchestre avant de présenter son fonctionnement organisationnel et les caractéristiques spécifiques de son leadership partagé.

Les débuts

Orpheus est fondé en 1972 par Julian Fifer, violoncelliste, Joanna Jenner, violoniste, Don Palma, bassiste, David Jolley, corniste, et d'autres musiciens désirant introduire la musique de chambre dans le grand public. Fifer et ses compagnons musiciens en avaient assez d'exercer leur rôle sous la direction d'un chef d'orchestre. Se fondre dans un orchestre n'est pas toujours facile et engendre pour plusieurs sous la gouverne d'un chef des sentiments de « déshumanisation et de déresponsabilisation que peut ressentir le musicien d'orchestre[5] ».

Les aspirations des cofondateurs d'Orpheus étaient donc de créer un nouveau type d'orchestre, capable de libérer les énergies créatrices de chaque musicien en plus de lui donner le pouvoir d'influencer la direction artistique de l'ensemble. Leur inspiration, leur vision en quelque sorte, était de former un ensemble dont l'expression artistique s'appuierait sur la collaboration, le leadership collectif et la coresponsabilité. Ils ont donc décidé de créer un orchestre sans chef au sein duquel chaque musicien aurait la possibilité d'exprimer sa personnalité musicale, de développer son talent et son potentiel tout en faisant partie d'une communauté, d'un tout.

Pour ce faire, et pour que chacun se sente libre de communiquer aisément, il fallait le faire, selon lui, sans chef d'orchestre.

L'initiative de Fifer est dérivée à la fois de son habitude de jouer dans des quatuors à cordes qui s'exécutent sans chef d'orchestre et d'un désir de démocratiser l'entreprise orchestrale pour le plaisir des musiciens et pour celui des spectateurs. Le répertoire allait aussi s'avérer plus polyvalent que celui des orchestres traditionnels.

Orpheus va connaître la renommée internationale en l'espace de quelques années. L'orchestre effectue plus de 70 enregistrements entre 1982 et 2012. Les succès de l'organisation s'accumulent de même que la signature de multiples contrats. De nombreux programmes annuels sont donnés au Carnegie Hall et à l'étranger. L'orchestre reçoit plusieurs prix

5. H. Seifter (2001), *op. cit.*, p. 5.

et signes de reconnaissance publique, dont le prix du magazine *Musical America* en 1998, en plus de recevoir des prix Grammy pour divers enregistrements. En outre, Orpheus a été lauréat d'un prix en mars 2007 remis par WorldBlu Inc. pour la grande valeur démocratique de son organisation (*Most Democratic Workplaces*). WorldBlu est située à Washington, D.C., et se spécialise dans la démocratie organisationnelle.

Pour Ronnie Bauch, musicien d'Opheus depuis plus de 35 ans, la mission de l'orchestre est claire : l'utilisation du potentiel de chacun afin de créer un tout encore plus grand. Cela vaut, dit-il, pour chaque programme musical et pour l'organisation tout entière, puisque les musiciens sont appelés à exercer leur leadership à tour de rôle et dans différentes fonctions, de la direction des répétitions à la détermination de la programmation musicale annuelle.

La mission d'Orpheus se décline également au sein de son Institut Orpheus, qui vise le développement de l'entrepreneuriat chez les jeunes musiciens, la formation au leadership collaboratif chez les musiciens ainsi que dans les entreprises, l'organisation sans but lucratif Orpheus cherchant également à propager des perspectives artistiques à caractère collaboratif.

Sur le plan même de la performance musicale, les critiques s'entendent pour dire que ce qui distingue Orpheus des autres orchestres, c'est sa grande précision, son caractère et son flair dramatique. Leon Flesher, pianiste, conclut que jouer avec Orpheus fait ressortir clairement que certaines parties musicales s'exécutent mieux sans chef d'orchestre. Il s'explique au journaliste de *The Economist* en faisant référence au concerto *Empereur* de Beethoven : « Cette section est très peu souvent réussie avec un chef d'orchestre, mais nous l'avons jouée parfaitement à deux reprises. » Il ajoute : « Voilà une preuve que les chefs d'orchestre devraient parfois s'asseoir [et laisser l'orchestre jouer] »[6].

Selon Allan Kozinn, critique au *New York Times* : « L'orchestre de chambre Orpheus a un large répertoire et une personnalité spectaculaire, à la sonorité somptueuse. »

Écouter et voir l'ensemble Orpheus durant ses répétitions et ses concerts est un véritable plaisir pour les sens ! Sur scène, les violonistes, violoncellistes, flûtistes, clarinettistes ou autres s'installent devant leurs

6. V. Schweitzer (2006), « The absence of a conductor can be a blessing as one orchestra demonstrates », *The Economist*, 3 août ; www.vivienschweitzer.com/profiles/orpheus.html.

chevalets. Chaque musicien accorde son instrument et bientôt les notes vont se rassembler pour s'élever en un tout d'une grande qualité.

Lors des répétitions, chacun est pleinement attentif au son émis par l'ensemble musical, mais aussi par ses différentes parties, car l'absence de chef d'orchestre exige encore plus de chacun une attention musicale pleine et entière, plutôt que de devoir s'en remettre à un chef qui dicterait les interprétations et soulignerait les écarts de performance attendue. Chacun appuie ses collègues pour qu'il donne le meilleur d'eux-mêmes en plus de jouer de son propre instrument de musique, écoutant avec soin les autres instruments, et commentant au besoin la justesse des notes émises et du rythme produit, au bon moment et de la bonne manière.

Entendre les musiciens répéter avant la tenue d'un concert permet de constater que l'harmonie entre les musiciens est palpable. Mais il n'en a pas toujours été ainsi.

Du départ chaotique au fonctionnement optimisé

L'histoire d'Orpheus est un parcours de progrès continu. Comprendre l'évolution des façons de faire d'Orpheus depuis ses débuts jette un éclairage nouveau sur les pratiques gagnantes dans l'implantation du leadership partagé pour d'autres types d'organisations.

À ses débuts, cette démocratie s'avérait plutôt inefficace. Les heures de répétitions étaient interminables, nous raconte Ronnie Bauch, chacun y allant à tout moment de ses idées, de ses opinions. Chacun des 27 musiciens pouvait donner son opinion sur tout et en tout temps : sur le choix du programme musical de l'année, sur les interprétations à donner aux pièces choisies, sur le perfectionnement à faire au cours des répétitions et, enfin, sur la performance de tous ses collègues.

Comment interpréter tel morceau ? Quelle place donner au violoncelle ou à tel autre instrument dans telle section ? La tonalité et le rythme sont-ils justes ? Ces discussions devenaient souvent chaotiques, frustrantes et exigeaient énormément de temps, puisque la durée comme le nombre de répétitions augmentaient. Fifer précise que les répétitions pouvaient prendre entre 4 et 15 fois plus de temps que pour un orchestre traditionnel. Mais depuis lors, les musiciens ont réussi à se donner eux-mêmes des mécanismes de fonctionnement beaucoup plus efficaces centrés sur des équipes, une rotation dans les responsabilités et des principes de leadership bien établis.

Les cofondateurs et les musiciens d'Orpheus ont donc revu leur mode de fonctionnement afin de faciliter la prise de décisions et d'augmenter l'efficacité des répétitions tout en valorisant la collaboration et l'engagement de tous. Au cœur de ce nouveau mode de fonctionnement se trouve la mise en place d'une équipe centrale élue par les musiciens et qui détermine *a priori* le guide d'interprétation privilégié selon les pièces musicales choisies.

Une équipe centrale pour chaque pièce du programme musical. Cette équipe centrale (*core team*) est animée par un maître de concert pour chacune des pièces du répertoire du concert à venir. Ce sont les 27 musiciens eux-mêmes qui choisissent les maîtres de concert et qui élisent les membres de l'équipe centrale pour chacune des pièces du répertoire. La composition de chaque équipe centrale varie de 5 à 10 musiciens. Poursuivant la tradition musicale qui veut qu'un seul musicien, généralement le premier violon, donne le *la* et le signal du départ, le maître de concert est souvent le premier violon. Celui-ci est choisi non pas pour occuper un statut vertical au sein du groupe, mais bien parce qu'il est, selon les pièces musicales, le mieux placé pour orienter l'interprétation et la performance de la pièce en question. *Primus inter pares,* ou premier entre égaux, le premier violon est considéré dans le monde de l'orchestre comme un égal à part entière.

Le choix des membres de cette équipe se fait selon leurs forces professionnelles, les défis de la pièce à exécuter, leur style de leadership et une certaine rotation. D'autres musiciens sont aussi choisis afin d'assurer un éventail d'idées et d'expertises au sein de cette équipe centrale. Comme celle-ci varie selon la pièce à jouer, il peut y avoir plus d'une équipe pour un concert.

Cette équipe centrale expérimente différentes interprétations avant de s'arrêter sur l'interprétation souhaitée pour la pièce et de convenir de la stratégie relative au morceau de musique. Une fois que l'équipe choisit une interprétation, elle réalise les premières répétitions avant de réunir l'ensemble des musiciens pour des répétitions subséquentes.

Lorsque vient le temps des dernières répétitions avant le concert, tous les musiciens peuvent encore préciser les interprétations à rendre. Leurs observations permettent d'ajuster le son, la dynamique, l'énergie à communiquer et la clarté dans l'expression artistique. Même une fois le premier concert donné, les musiciens peuvent encore apporter des améliorations. Chaque individu a la responsabilité première de livrer sa plus haute performance tout en contribuant à l'effort collectif.

Dans les orchestres traditionnels, c'est le chef d'orchestre qui a l'autorité absolue, décidant de l'interprétation à donner comme de la gestion des répétitions. Cela représente certes des avantages pour les instrumentistes, puisque moins d'efforts sont consacrés à la recherche de l'interprétation et davantage à la pratique de leur instrument. Mais comme le dit la Dre Adler, le talent des musiciens dans les orchestres traditionnels, leur savoir et leur savoir-faire acquis sont laissés de côté, leur rôle étant réduit à celui d'un simple exécutant sous le bâton du maestro et leurs personnalités se fondant dans l'ensemble. La reconnaissance d'une performance musicale est d'ailleurs souvent attribuée au chef, alors que la performance de l'orchestre tout entier n'est qu'effleurée.

Il arrive parfois que certains musiciens, parce qu'ils sont habitués à être dirigés par un chef d'orchestre, hésitent à se joindre à Orpheus, mais lorsqu'ils le font, nous dit Ronnie Bauch, ils réalisent le plaisir d'exprimer leur plein talent en collaboration avec d'autres passionnés de musique.

La rotation des rôles fait que le tiers des membres de l'orchestre occupent le rôle de maître de concert à un moment ou l'autre durant l'année, permettant ainsi l'acquisition de compétences de leadership par le plus grand nombre. En outre, ce partage dans l'exercice du leadership par les musiciens n'est pas limité à la direction musicale des concerts, car ces derniers ont aussi de nombreuses occasions d'exercer différents rôles au sein de l'organisation.

En effet, les musiciens ne sont pas confinés dans leur rôle premier d'instrumentiste. Ils peuvent être directeurs artistiques, siéger au conseil d'administration de l'organisation, prendre des initiatives favorisant le rayonnement de l'orchestre, par exemple faire la promotion de programmes éducatifs ou proposer de nouvelles collaborations, tout comme ils peuvent collaborer aux programmes d'éducation de l'Institut Orpheus destiné aux musiciens et à un large public.

Le développement des capacités et des expériences de leadership est grandement valorisé et assuré, puisque les musiciens assument tour à tour des responsabilités de leadership, soit en étant maîtres de concert, soit en prenant le leadership de projets, ou encore en osant s'exprimer et prendre des initiatives dans toutes sortes de situations.

La structure organisationnelle

Orpheus est une organisation non pas sans leadership, mais plutôt sans chef d'orchestre, où le leadership est distribué entre tous, et où les processus décisionnels sont démocratiques, mettant à contribution la volonté collective et le talent de chacun.

L'orchestre Orpheus est une organisation à but non lucratif qui comprend, outre l'orchestre lui-même, un conseil d'administration, dont relève une direction générale. Siègent au conseil d'administration, en plus des administrateurs réguliers, trois musiciens élus pour des mandats de trois ans par les autres musiciens de l'orchestre.

La direction générale de l'orchestre a été assumée par différents directeurs depuis ses débuts, dont Fifer, Seifter et, depuis 2010, par Adler. La D^re^ Adler se considère d'ailleurs comme « honorée d'avoir été invitée à se joindre à l'organisation ». Elle-même musicienne et membre auparavant de l'orchestre Rochester, elle ajoute qu'elle est « tombée amoureuse de l'orchestre de chambre Orpheus et de la très grande qualité artistique de sa performance ». Les principales responsabilités de la directrice sont de voir à l'administration de l'organisation, à la promotion des programmes et à la rentabilité financière. Elle est assistée par une équipe administrative qui travaille en coopération avec les musiciens eux-mêmes et le conseil d'administration.

Toujours dans un souci de démocratie et d'efficacité, les musiciens ont décidé il y a quelques années de se doter de trois directeurs artistiques. Issus du groupe des musiciens, ces directeurs sont élus par leurs collègues pour une période de trois ans. Leurs principales responsabilités consistent à déterminer le programme artistique. Plus spécifiquement, ils doivent :

- veiller à l'administration artistique et à l'élaboration de nouveaux programmes ou projets ;
- développer des idées de répertoire et de collaboration avec différents groupes artistiques et écoles ;
- s'assurer que les décisions de recrutement et de sélection reflètent bien les besoins artistiques de l'orchestre.

La philosophie collaborative d'Orpheus est maintenant enseignée et transmise à l'intérieur des programmes d'éducation mis au point par l'Institut Orpheus. Créé en 2003, cet institut est dédié principalement au développement du leadership collaboratif et à l'entrepreneuriat musical des étudiants. Grâce aux programmes de formation de l'Institut, les 2 500 étudiants en musique qui y séjournent chaque année peuvent s'initier au leadership collaboratif et acquérir des compétences administratives afin de diriger éventuellement leur propre ensemble et d'en faire la promotion. Les musiciens de l'orchestre Orpheus enseignent eux-mêmes aux étudiants de l'Institut en plus d'offrir des séances de *coaching* individuel et de groupe. L'Institut Orpheus collabore aussi depuis quelques années avec la Julliard School et la Manhattan School of Music en vue de développer l'éventail des compétences en leadership de leurs propres étudiants en musique.

Orpheus collabore aussi avec la radio new-yorkaise WQXR, pour la réalisation du *Project 440*. L'objectif est d'étendre la mentalité collaborative de l'organisation au grand public mélomane. Une des initiatives a consisté, par exemple, à permettre à l'auditoire de proposer de nouveaux talents, dont les compositions sont par la suite jouées par l'orchestre.

Les défis d'un orchestre sans chef

Implanter le leadership partagé et collaborer dans cette optique demandent un grand investissement personnel de la part des musiciens et l'acquisition de nouvelles compétences. En effet, les individus doivent acquérir certaines compétences de chef d'orchestre en plus de compétences relationnelles et administratives qu'ils n'auraient pas à posséder dans un orchestre traditionnel.

Dans un orchestre sans chef, chacun se doit d'exercer une qualité d'écoute collective encore plus soutenue que celle d'un musicien d'orchestre traditionnel, puisque chacun peut commenter les phrases musicales jouées par les autres. Mais pour cela, chaque instrumentiste apprend à prendre la parole au bon moment afin de donner des rétroactions constructives et pertinentes qui permettront l'interprétation recherchée par l'ensemble. Habituellement, seul le chef d'orchestre a cette responsabilité d'écoute et de rétroaction et prend toutes les décisions. Comme le précise le musicologue Christian Merlin, le rôle convenu du chef d'orchestre est d'imprimer sa marque sur la pièce jouée « en effectuant seul les choix de caractère, couleur, tempo, dynamique, phrasé, articulation[7] ».

7. C. Merlin (2012), *Au cœur de l'orchestre*, Paris, Fayard.

En plus de l'écoute et des rétroactions, le travail collaboratif au sein d'Orpheus amène les musiciens à appliquer les principes convenus dans la prise de décisions afin de faciliter les consensus et la collaboration. Bauch nous explique que les opinions et les perspectives de chaque participant sont considérées, puis sont incorporées dans les décisions et les stratégies, qu'elles soient musicales ou administratives.

Sur le plan relationnel, les musiciens apprennent à dépasser leurs intérêts individuels afin de se dédier entièrement aux intérêts de l'ensemble et de l'auditoire. Pour ce faire, ils auront à anticiper et parfois à gérer des conflits.

Cet enseignement relationnel est aussi transmis dans les divers programmes de l'Institut Orpheus où l'on enseigne aux jeunes musiciens à s'exprimer et à découvrir une voix qui leur est propre. Tim Dodge, un clarinettiste étudiant de l'Institut, explique d'ailleurs qu'une de ses premières difficultés dans l'apprentissage de la collaboration a été d'apprendre à s'exprimer efficacement au bon moment, à ne pas s'offusquer des commentaires des autres, à faire des concessions et à se rallier vraiment à ses collègues. Grâce aux enseignements d'Orpheus et de ses musiciens-éducateurs, il a appris, d'une part, à formuler ses attentes musicales ouvertement sans offenser le reste du groupe et, d'autre part, à inclure les idées et les perspectives des autres dans sa propre vision. Au sein de l'Institut, précise Ronald Bauch, les étudiants sont encouragés à développer leur propre voix tout en valorisant les idées et les perspectives des autres.

Les musiciens d'Orpheus développent également certaines capacités de gestion alors que les informations administratives sont partagées ouvertement avec les musiciens. Ce partage d'informations et de savoir-faire les amène à acquérir des notions en finances, en marketing, en ventes, en collecte de fonds, voire en développement stratégique. Mais afin de bien centrer les musiciens sur ce qu'ils font de mieux, c'est-à-dire la musique, ceux-ci se choisissent tous les trois ans leurs trois représentants au conseil d'administration.

Tous ces défis, tous ces efforts supplémentaires de participation sont, nous dit-on, compensés largement par le plaisir de leur engagement et la satisfaction personnelle qu'ils en retirent. En effet, malgré les défis, les bénéfices valent bien les efforts consacrés par chaque participant, soit une plus grande capacité d'innover, une organisation qui répond avec souplesse aux différents intérêts et publics ainsi qu'un engagement renforcé par tous les membres du groupe. De plus, même si les répétitions sont parfois plus longues, l'approche collaborative d'Orpheus crée un environnement de travail agréable, où tous les employés se sentent coresponsables des résultats, des succès comme des défaites.

Les 40 années d'existence d'Orpheus et son apprentissage continu du leadership collaboratif lui ont permis de mettre au point huit principes de leadership qui, en plus de leur structure et de leur processus internes, facilitent le fonctionnement du groupe. Ces principes constituent dorénavant la base de sa philosophie de collaboration et de son enseignement et guide aussi ses programmes éducatifs. Ils sont présentés dans la section qui suit.

Les huit principes d'un leadership partagé selon Orpheus

Les principes de leadership qui suivent sont l'aboutissement des réflexions communes des musiciens sur la façon dont ils souhaitent se diriger. Ils sont communiqués à tout nouveau musicien et enseignés dans les diverses classes de l'Institut. Selon Seifter, ces principes peuvent être généralisés à d'autres groupes qui souhaiteraient démocratiser davantage leur organisation pour une performance et une efficacité accrues.

1. *Clarifier les rôles et les responsabilités de chacun.* Chaque musicien doit avoir une compréhension claire de ses rôles et de ses responsabilités, mais aussi de son interrelation avec les autres au sein de l'orchestre, dont le maître de concert, les membres de l'équipe centrale, les administrateurs-musiciens élus au conseil d'administration et les directeurs artistiques. Cette clarification facilite les rapports entre les membres et réduit les conflits potentiels.
2. *Donner le pouvoir à ceux qui sont sur le terrain de l'action.* Un des principes du leadership partagé est que les personnes les plus près de l'action sont les plus aptes à déterminer la direction à prendre dans une situation donnée. Ce sont les musiciens qui dirigent en quelque sorte leur orchestre, prenant leurs propres décisions en ce qui concerne notamment le programme musical et décidant entre eux de la désignation de l'équipe centrale (*core team*) et du maître de concert. Les musiciens sont également chargés d'élire les trois musiciens qui siégeront au conseil d'administration et les trois directeurs artistiques qui feront partie du personnel responsable de l'administration. Le leadership est

donc largement distribué et chacun des membres a la possibilité d'occuper des rôles formels de leadership : maître de concert, administrateur, directeur artistique. Que ce soit pour diriger une répétition ou pour guider l'accomplissement d'une composition musicale, chaque musicien est encouragé à développer et à exercer ses compétences de leadership. Et ce sont aussi les instrumentistes qui décident en dernier lieu de l'intégration de tout nouveau membre à leur orchestre.

3. *Responsabiliser chacun pour assurer un produit de qualité.* Chacun des musiciens a la responsabilité de donner ses plus hautes performances et de tout faire pour que l'ensemble lui-même produise d'excellents concerts. C'est pourquoi chacun offre, en plus de la performance de son propre instrument, une écoute collective avec une attention entière à la performance des autres et à l'orchestre dans son ensemble. Personne ne s'en remet au chef, tout le monde s'en remet à lui-même afin de donner la meilleure écoute et la meilleure performance possible.
4. *Apprendre à écouter et écouter afin d'apprendre.* Dans un univers comme celui d'Orpheus, les susceptibilités et les conflits peuvent affleurer lorsque tous et chacun ont leur mot à dire sur le travail et la performance des collègues. La D^re^ Adler nous explique qu'un des principes clés de cet orchestre repose sur la qualité de la communication, où chacun « apprend quand et comment s'exprimer ». Contrairement aux autres orchestres, où la communication au sein du groupe se passe essentiellement entre le chef d'orchestre et ses musiciens, et dans une seule direction, les échanges de toutes sortes sont encouragés chez Orpheus. Mais pour cela, et selon les mots mêmes d'Adler, chacun apprend une règle d'or : quand parler et comment le faire. Il ne s'agit donc pas de donner continuellement son opinion, mais bien de déterminer à quel moment le faire, à propos de quoi et comment le faire.
5. *Viser le consensus.* Orpheus valorise le consensus dans les multiples décisions à prendre, se fondant sur le principe selon lequel les employés qui sont traités comme des partenaires et qui ont participé à la prise de décisions s'engagent davantage à implanter les décisions qui ont été arrêtées. Ce consensus est favorisé grâce à la qualité du dialogue constant entre les musiciens, au climat de confiance et au respect mutuel entre les personnes. Les différents membres de cet orchestre communiquent continuellement entre eux, ce qui leur

permet d'acquérir une compréhension claire des problèmes et des défis de l'organisation. Selon Seifter, le modèle organisationnel d'Orpheus est un modèle de pyramide inversée où les ententes sont d'abord prises à l'intérieur de groupes restreints, avant de s'étendre progressivement à l'ensemble de l'organisation. Il en est ainsi, par exemple, du processus budgétaire ou du processus de planification stratégique, tout comme du processus déterminant l'interprétation artistique d'une pièce. La concertation est une valeur clé qui guide les discussions et la prise de décisions. Enfin, l'orchestre a cette attitude facilitante consistant à tester les hypothèses de travail sur le plan musical, et à y revenir au besoin, bref à ne pas être dogmatique quant aux interprétations à rendre. Cette attitude facilite beaucoup le dialogue et permet aux musiciens d'apprendre ensemble.

Mais il arrive que le consensus ne soit pas atteint, même si les communications sont fluides et les informations continuellement partagées, et même s'il y a eu un accord sur les objectifs ciblés, la mission ou les besoins opérationnels. Depuis ses débuts, Orpheus s'est donné les moyens de résoudre ce type de situations. Ainsi, il est prévu, lorsqu'il y a impasse, qu'au moins un membre de chaque camp s'oblige à amener une idée faisant valoir le point de vue adverse. Deux autres options de dernier recours sont aussi envisagées, quoique très peu utilisées jusqu'à ce jour : celle de recourir au maître de concert qui peut décider, ou encore celle de voter.

6. *Partager le leadership et l'exercer à tour de rôle.* Un sixième principe énoncé par les membres d'Orpheus est que chacun peut diriger à tour de rôle en occupant des postes formels de leadership, tels que maître de concert, administrateur ou directeur artistique. Il peut aussi prendre diverses initiatives afin de réaliser la mission d'Orpheus ou de son Institut. Ce partage du leadership favorise l'engagement, la compréhension de multiples défis et possibilités tout en développant diverses compétences de leadership par le plus grand nombre, rehaussant ainsi la force de tout le groupe. Ces compétences sont transférées à d'autres contextes, puisque les musiciens d'Orpheus s'investissent dans d'autres orchestres, dans des écoles de musique ou au sein de leurs quartiers résidentiels.
7. *Favoriser le travail d'équipe horizontal.* La collaboration, qu'elle soit entre les personnes ou les diverses équipes, est l'élément moteur de

l'identité et du succès d'Orpheus. Cette approche crée un environnement de travail agréable où tous les employés ont un certain pouvoir sur les décisions qui les concernent et se sentent en conséquence responsables des résultats qu'ils obtiennent. Mais, comme dans toute organisation, il arrive que la collaboration ne soit pas au rendez-vous ou que certains individus cherchent davantage à se faire valoir, à jouer en solo en quelque sorte, plutôt qu'à faire valoir l'ensemble. C'est pourquoi Orpheus a mis en place des outils d'évaluation régulière de chacun permettant de faire le point sur la performance, sur la collaboration et sur les améliorations à apporter. Cette rétroaction permet une régulation continue des attentes et des comportements attendus. Cela dit, la culture organisationnelle d'Orpheus est avant tout le véritable régulateur des comportements.

8. *Se dédier passionnément à la mission.* Ce qui caractérise encore davantage le leadership d'Orpheus, c'est sa passion, son engagement à servir la mission de son orchestre, qui est celle de produire des concerts de très haute qualité et de le faire en plaçant la démocratie et le leadership partagé au centre de son exécution artistique.

Jusqu'à ce jour, Orpheus est parvenu à transformer la façon dont les orchestres sont perçus à travers le monde. Cet orchestre fait l'objet d'études aux universités Harvard et Stanford grâce notamment aux travaux du professeur Hackman. Les membres d'Orpheus donnent d'ailleurs des séminaires de leadership collaboratif, entre autres chez Morgan Stanley et à l'hôpital Memorial Sloan-Kettering. Bausch souligne l'exemple de l'Orchestre symphonique de Boston qui, s'étant retrouvé sans chef d'orchestre à quelques jours d'un concert, a décidé d'exécuter sa performance sans chef. Cette situation, dit-il, aurait été impensable il y a à peine quelques années. Mais le modèle d'Orpheus a servi d'exemple à cet orchestre et permis aux musiciens de se responsabiliser et de se croire capables de réussir ce défi de dernière minute.

* * *

Ce qui semble universel dans l'expérience de cet orchestre, c'est la démonstration que le moteur de la mobilisation et de l'engagement consiste dans une large mesure en la valorisation de la contribution de chacun, de son talent, de son expertise et de sa personnalité à la réalisation d'une mission commune, tout autant qu'en la possibilité de contribuer à la création collective d'une œuvre unique.

Ce que les musiciens apprécient par-dessus tout, et ce à quoi ils sont prêts à consacrer de nombreuses heures, c'est le plaisir de décider des pièces de leur répertoire, de mettre à contribution leur capital musical, de pouvoir donner leur opinion et de cocréer avec d'autres une production supérieure dont ils seront fiers. Cette motivation rejoint d'une certaine manière les conclusions des travaux sur le bonheur de Csikszentmihalyi, lesquels démontrent que l'expérience de flot (expérience optimale) vécue par des individus se produit dans les situations exigeantes qui mettent à contribution un savoir-faire déjà acquis tout en leur permettant d'acquérir des capacités supérieures, où ils ont un certain pouvoir sur l'environnement et où ils reçoivent une rétroaction sur les progrès accomplis.

Le profil d'Orpheus et son évolution nous apprennent que quiconque souhaite travailler en leadership partagé se doit de comprendre les défis qui y sont rattachés en termes d'un travail collaboratif hors de l'habituel. Et que, en plus des attitudes d'engagement, de détermination et de persévérance, de nombreux apprentissages sont à faire et des compétences doivent être acquises et renforcées, dont la rigueur, la prise de décisions consensuelle, la communication efficace et pertinente, la résolution de conflits, l'écoute attentive et collective. D'où l'importance de se donner ensemble des mécanismes clairs de fonctionnement qui faciliteront la participation et la prise de décisions, et de les réviser au besoin.

Mais les bénéfices sont à la hauteur des efforts : la fierté de la performance elle-même, l'engagement collectif, la passion ainsi nourrie, l'entraide ainsi que la coresponsabilité dans les efforts et les résultats. Il y a aussi ce bénéfice, et qui n'est pas le moindre, du sentiment de pouvoir s'élever, de grandir comme être humain en dépassant ses limites, ses instincts de compétition et de domination pour créer ensemble une œuvre plus grande.

CHAPITRE 2

Les Innus d'Essipit : la réussite d'une société

Les Montagnais d'Essipit, un village de la Côte-Nord, avaient développé au contact des Blancs une personnalité sociale négative et faisaient peu confiance à leur propre capacité de créer un avenir meilleur pour leurs enfants. Mais leur destin allait changer de direction grâce au leadership partagé d'abord de trois jeunes leaders, puis de toute la communauté qui leur a emboîté le pas. Ce profil illustre la mobilisation de toute une population autour d'une vision commune de son avenir et les réalisations qui font dorénavant d'elle 30 ans plus tard une société fière et compétente. Comment le leadership collectif s'est-il ancré dans cette communauté ? Et y aurait-il des enseignements qui pourraient servir à d'autres groupes, même si chaque groupe a ses particularités ? L'objectif de ce chapitre est de répondre à ces deux questions.

Les Innus, nommés autrefois « Montagnais », ont joué un rôle majeur dans les liens qui unissent depuis plusieurs siècles les Français au Québec, et ils seraient même à l'origine du premier traité commercial entre la France et le Québec. Le terme « Montagnais » leur avait été donné par les explorateurs français, et plus spécifiquement par Samuel de Champlain dès 1603, avec la graphie « Montagnez ». L'appellation d'alors signifiait « hommes des montagnes », en raison des formations montagneuses de leurs terrains de chasse. Mais depuis le début des années 1990, ils demandent que nous les appelions « Innus » et de jeter aux oubliettes le terme « Montagnais » d'origine européenne[1]. D'ailleurs, entre eux, ils se sont toujours appelés « Innus ».

Une brève incursion dans l'histoire des Innus et la transformation de leur mode de vie permettra de mieux saisir l'ampleur de la révolution tranquille qu'a réalisée la communauté d'Essipit grâce au leadership partagé. Car les membres de cette communauté sont passés d'un état initial d'autonomie à une situation d'indigence, pour finalement devenir aussi prospères et fiers que tant d'autres Canadiens.

La rencontre avec l'Allochtone

Il y a un peu moins de 500 ans, soit le 20 avril 1534, Jacques Cartier quitte le port de Saint-Malo avec deux navires et 61 hommes pour chercher de l'or dans le Nouveau Monde. Cette mission fait suite aux expéditions de Christophe Colomb qui avaient donné lieu à la découverte d'un nouveau continent et de trésors d'or, propriété des Aztèques et des Incas. Envoyé par le roi François Ier, le navigateur a aussi pour mission de découvrir un passage vers l'Asie, une route qui permettrait un approvisionnement moins coûteux en épices et en soie que les routes commerciales habituelles de plus en plus taxées. Le roi de France souhaite que cette expédition permette de découvrir « certaines ysles où lon dit qu'il se doibt trouver grant quantité d'or et autres riches choses[2] ». Cette mission royale ne donnera pas les fruits escomptés, puisque Jacques Cartier ne trouvera ni or ni passage vers les Indes.

Dès le début du mois de juin, Jacques Cartier parcourt le littoral du Labrador en direction du sud-ouest, sur une distance de 200 kilomètres. Il aperçoit ici et là quelques « gens effarables et sauvaignes », vêtus de « peaux de bestes ». Pendant 137 jours, il va explorer tout le golfe du Saint-Laurent avant de rentrer au port malouin, le 5 septembre 1534.

Lors du deuxième voyage de Cartier en 1535-1536, une rencontre avec le chef indien Donnacona l'amène à croire qu'il existe dans les terres intérieures un royaume, le Saguenay, rempli d'or, de cuivre et d'argent.

1. P. Charest (2006), « Les Montagnais d'autrefois, les Innus d'aujourd'hui », *Cap-aux-Diamants : la revue d'histoire du Québec*, n° 85, printemps.

2. C. Brown (1988), *Histoire générale du Canada*, Montréal, Boréal, édition dirigée par P.-A. Linteau, p. 20.

Mais ses explorations le forcent à conclure que de telles richesses sont inexistantes ; la seule richesse présente serait la fourrure, alors très prisée sur les marchés européens. C'est dans cette perspective qu'une entente sera réalisée entre les Français et ceux qu'on appelait alors les Montagnais pour que ces derniers soient les seuls fournisseurs de fourrure.

Les postes de traite seront situés généralement à l'embouchure du Saint-Laurent ou des rivières. Le premier poste de traite de la Nouvelle-France s'installera à Tadoussac, au confluent du Saguenay et du Saint-Laurent, tout près de l'endroit où vit aujourd'hui la communauté d'Essipit. C'est là que se retrouvent de nombreuses communautés innues avec lesquelles Basques, Normands, Bretons et autres Européens feront des affaires.

Les Innus feront le lien entre les Blancs et les autres nations autochtones, agissant comme interprètes et intermédiaires. Ils sauront aussi soigner les Européens avec les plantes indigènes et les guider afin qu'ils puissent survivre dans ce nouveau monde hostile à bien des égards. Selon l'historien Jean-Paul Simard, les anciens Montagnais, dès le milieu du XVIe siècle et bien avant la fondation de Québec en 1608, auraient exercé un monopole en tant qu'intermédiaires dans la traite des fourrures entre différents groupes autochtones et les Européens.

À l'époque de la colonisation, les Innus sont des peuples nomades qui vivent de chasse et de pêche. Ils occupent un vaste territoire qui s'étend du fleuve Saint-Laurent jusqu'au nord, à la ligne de partage des eaux de la baie d'Hudson. En hiver, ils vont camper dans des régions très boisées pour chasser l'orignal, le chevreuil et le caribou, alors qu'en été ils reviennent vers les rivières pour pêcher le saumon et la truite. Le récit de l'anthropologue Serge Bouchard sur Mathieu Mestokoshoun, un chasseur innu[3] de Mingan, nous fait comprendre la force et le courage de ces chasseurs des contrées nordiques, mais aussi les rudes épreuves par lesquelles ils doivent passer.

Selon les récits des Jésuites dans leurs *Relations* et d'autres textes, les Innus sont répartis en petites bandes, apparentées par les mariages, mais politiquement distinctes, et revendiquant chacune son propre territoire

3. S. Bouchard (2004), *Récits de Mathieu Mestokoshoun, chasseur innu*, Montréal, Boréal.

de chasse[4]. Pendant deux siècles, le commerce des fourrures sera au centre de leurs rapports avec les Européens. Plus tard, l'industrie forestière développée par les Allochtones (comme les Innus se plaisent à appeler ceux qui ne sont pas autochtones) envahira graduellement les territoires innus.

Petit à petit, les hommes blancs s'emparent du territoire et exercent leur emprise sur les Amérindiens. La rencontre avec le commerce de la fourrure apportera d'inévitables transformations au mode de vie de ces derniers. Des guerres meurtrières entre les Iroquois et les autres communautés autochtones pour la suprématie du commerce de la pelleterie ainsi que de nouvelles maladies, telles que la variole, la grippe ou la tuberculose, décimeront les populations indigènes. La colonisation des Anglais et des Français changera inexorablement la vie socioéconomique des Autochtones en les assujettissant à de nouveaux styles de vie et en aliénant leurs propres systèmes de croyances. Les efforts des missionnaires, Jésuites ou Oblats, pour les convertir au catholicisme et les amener à abandonner certaines pratiques traditionnelles comme la tente tremblante, ont aussi été à l'origine d'une profonde transformation.

La création des réserves et la sédentarisation des Innus ont été un autre facteur de changement. Au Québec, les Innus résident dans 11 réserves, dont 8 se trouvent sur les rives du fleuve Saint-Laurent et les autres, à l'intérieur des terres au nord-ouest de Chicoutimi. Ces communautés sont très différentes les unes des autres, tant par la situation géographique que par la taille ou par le développement socioéconomique.

Au dire de l'anthropologue Paul Charest, les Innus n'ont pas été que des victimes des changements provoqués par les contacts avec les Allochtones; ils en ont profité pour se construire une culture de transition caractérisée à la fois par le nomadisme et par la pratique d'un mode de vie de chasseurs-cueilleurs de même que par des emprunts culturels à la société euro-canadienne[5].

Selon le ministère des Affaires indiennes et du Nord, la population des Innus était estimée à 11 000 sujets tout au plus vers la fin du XIXe siècle.

4. *Relations des Jésuites, contenant ce qui s'est passé de plus remarquable dans les missions des Pères de la Compagnie de Jésus dans la Nouvelle-France (1858)*, Québec, Augustin Côté.

5. P. Charest (2006), *loc. cit.*

En 2010, la population innue comptait plus de 17 000 membres et serait la nation autochtone la plus populeuse du Québec après les Cris.

La Première Nation des Innus d'Essipit

L'une des communautés innues est située à Essipit sur les rives du fleuve Saint-Laurent, à 40 kilomètres au nord-est de Tadoussac et à 507 kilomètres au nord-est de Montréal. En 1830, le gouvernement fédéral avait consenti à la Compagnie de la baie d'Hudon le titre exclusif de locateur des postes de traite, faisant fi des droits des Innus, qui perdaient du coup des sources de revenus et le libre accès aux territoires de chasse. Quelques années plus tard, en 1850, les colons de l'industrie forestière viennent occuper les berges du Saint-Laurent et les terres. On fait alors comprendre aux Autochtones que leur présence n'est pas la bienvenue et qu'ils doivent aller installer leurs tentes ailleurs. Finalement, en 1892, on crée une réserve indienne afin de les nomadiser encore davantage et de les assimiler à la « civilisation ». Son instauration poursuit le déclin économique et démographique des Innus qui durera jusqu'au début des années 1970. Une transformation radicale de leur mode de vie, la dépendance accélérée aux revenus d'assistance du gouvernement, sans compter la présence de plus en plus grande d'une population blanche qui les méprise, tous ces facteurs contribuent au développement d'une image d'eux-mêmes très négative.

Jadis appelée « réserve des Escoumins », la communauté porte maintenant le nom de « Première Nation des Innus d'Essipit », Essipit signifiant « rivière aux coquillages ». Depuis plus de 20 ans, plusieurs communautés innues utilisent le terme de « Première Nation » en remplacement de celui de réserve afin d'affirmer leur autonomie politique et leur identité autochtone.

Cette communauté qui compte plus de 400 Autochtones connaît depuis plus de 30 ans un essor socioéconomique qui est pour eux une grande source de fierté. Cependant, la situation de ces Innus n'a pas toujours été associée à la fierté.

Pour recueillir les données sur ce cas particulier de leadership partagé, Édith Luc s'est rendue sur la réserve d'Essipit, où elle a rencontré Denis Ross, le chef du conseil de bande, Réginald Moreau, le directeur général, Marc Genest, le directeur du développement économique, et d'autres membres de cette société. Elle a aussi eu des entretiens avec Suzie

Gagnon, la responsable des programmes d'éducation. Édith Luc a aussi fait des observations sur leur vie collective, notamment en bénéficiant de leurs installations commerciales et récréotouristiques. Elle a aussi eu le plaisir de loger dans l'un de leurs condominiums dont la vue donne sur le magnifique fleuve Saint-Laurent. Enfin, divers documents ont été consultés, dont leur journal *Tipatshinum*, leur site Internet www.innu-essipit.com, des écrits des anthropologues Charest, Barriault et Bouchard sur la vie des Innus, des documents du ministère des Affaires indiennes et d'autres recueils historiques.

Une révolution tranquille

En 1970, la majorité des habitants de la réserve vivent de l'assistance gouvernementale. Comme dans les autres communautés autochtones du Québec et du Canada, le taux de décrochage scolaire est supérieur à 50 %. Dans certaines autres communautés, le taux d'obtention du diplôme d'études secondaires atteint à peine 10 %.

À Essipit, les rares jeunes qui poursuivent leurs études quittent la réserve sans désir d'y revenir. D'autres travaillent pour l'entreprise minière Iron Ore ou vont tenter leur chance sur les chantiers de construction de la baie James, sans toutefois revenir sur la réserve. S'ajoute à ces difficultés la Loi sur les Indiens, instituée en 1876 et amendée plusieurs fois depuis, qui met en tutelle les Autochtones vivant dans les réserves. La finalité première de cette loi était de permettre au gouvernement fédéral de contrôler la vie des Autochtones sans que ceux-ci puissent être consultés[6]. Conformément à la Loi sur les Indiens, les terres sont la propriété du gouvernement et sont destinées à l'usage exclusif des Indiens[7], alors que dans les provinces canadiennes le régime des lois est fondé sur la propriété individuelle. De plus, les individus n'étant pas propriétaires des terrains

6. Un projet de loi avait même été déposé en 1969, dont le but était pour le gouvernement Trudeau de se soustraire à ses responsabilités à l'égard des Amérindiens et de les assimiler entièrement. La résistance des groupes autochtones a eu gain de cause et ce projet a dû être abandonné.

7. Les Indiens inscrits sont des personnes qui ont le droit d'ajouter leur nom au Registre des Indiens (liste officielle du gouvernement du Canada). Pour s'enregistrer en tant qu'Indien inscrit, il faut répondre à certains critères. Seuls les Indiens inscrits sont considérés comme Indiens aux termes de la Loi sur les Indiens.

sur lesquels ils ont leurs résidences, les terrains ne sont pas saisissables, ce qui augmente considérablement la difficulté de l'accès au financement. C'est d'ailleurs ce que font remarquer les auteurs Sisco et Nelson sur l'entrepreneuriat autochtone :

> L'interdiction de posséder des terres décrétée par la Loi sur les Indiens et les restrictions à l'aliénation des terres municipales [....] rendent l'accès au financement plus difficile pour les entrepreneurs autochtones, car ils n'ont pas la possibilité de donner leurs terres en garantie contre des prêts pour leurs entreprises[8].

Personne dans la réserve d'Essipit n'est donc propriétaire de quoi que ce soit : le terrain, les maisons et les quelques commerces existants appartiennent au ministère des Affaires indiennes. Financer le moindre projet est quasi impossible, puisque rien ne peut être offert en garantie aux institutions financières.

Et leur état de membres d'une réserve les obligeait à demander d'innombrables permissions, qui devaient être accordées par l'agent gouvernemental des Indiens. Plusieurs manifestations culturelles ou pratiques religieuses étaient également interdites lorsqu'elles étaient jugées contraires aux valeurs chrétiennes. À titre d'exemple, la Danse du Soleil, qui célébrait la vie ainsi que la communion avec le Créateur, avait été proscrite.

Les familles d'Essipit ont de 10 à 12 enfants. C'est beaucoup, étant donné que les revenus sont médiocres et la chasse, pas toujours fructueuse. Les problèmes sociaux sont endémiques : sous-scolarisation, insalubrité des maisons construites souvent sur de la terre battue, maladies infantiles, violence familiale, problèmes de santé chronique. Quand la honte s'ajoute à ce fardeau, il est difficile de s'en sortir, de demander de l'aide et même de se présenter à l'école des Blancs ou à l'école des Allochtones. Il y a une telle honte que chacun porte en lui le désir de s'en défaire. Mais comment ?

Le conseil de bande d'Essipit[9], organisation politique et administrative territoriale formée de quatre bénévoles, fait bien quelques efforts,

8. A. Sisco et R. Nelson (2008), *From vision to venture: an account of five successful aboriginal businesses*, Conference Board du Canada, mai, p. 43.

9. Le conseil de bande a été institué par la Loi sur les Indiens. Il s'agit d'un organisme élu par la communauté autochtone. À Essipit, il est composé de quatre membres : un chef et trois conseillers élus par les membres de la communauté tous les deux ans. Pour assurer une certaine stabilité, les mandats sont d'une durée de quatre ans et ne sont pas renouvelables en même temps par les membres.

mais ses compétences sont limitées puisqu'il est assujetti au gouvernement fédéral qui a droit de regard sur toutes ses décisions. Le conseil de bande n'a dans les faits aucune autorité. À l'époque, le pouvoir du conseil consistait, par exemple, à redistribuer les gallons de peinture fournis par l'agent fédéral des Affaires indiennes. Même le testament personnel d'un Autochtone devait être autorisé par le ministre en vertu de la Loi sur les Indiens.

Les Autochtones sont en pratique sous tutelle, sans accès à la propriété, sans ressources, sans pouvoir, sans avenir, et sans droit de vote jusqu'en 1969. Les Autochtones d'Essipit semblaient donc voués à la pauvreté et à l'érosion continue de leur dignité. Jusqu'au jour où trois des leurs ont décidé de réfléchir ensemble à la situation et de changer le cours de leur histoire marquée par une détérioration continue de leur fierté et de leur autonomie.

Durant l'été 1977, Denis Ross, son frère Bernard et Réginald Moreau, trois diplômés universitaires en congé, s'interrogent autour d'un feu de camp sur la situation sociale et économique déplorable des leurs. Dans leur réserve, il n'existe à peu près aucune installation, ni bureau administratif, ni salle pour se réunir ; le chômage est rampant et la fierté encore davantage. Est-il possible de changer quelque chose dans la vie de leur communauté ? Si oui, par où commencer ? Et pourquoi agir quand l'avenir de chacun est beaucoup plus prometteur ailleurs ? Ces jeunes se disent qu'ils pourraient s'occuper de leur vie chacun de leur côté, aller travailler dans les grandes villes. Mais ils veulent, pendant l'été, tenter quelque chose pour leur communauté. Pour ce faire, ils vont mettre à contribution leurs nouveaux savoirs universitaires.

Une vision collective et des valeurs fondamentales

Une des premières démarches des trois jeunes hommes consiste à organiser une consultation des membres de la communauté. Questionnaire en main, ils vont, de porte à porte, sonder les besoins, les centres d'intérêt et les préoccupations de chacun des habitants de la réserve. Que souhaitent-ils pour eux-mêmes et leurs familles ? Quelle est leur vision de l'avenir ? Quelles sont les actions à mettre en place ? Voilà le cœur des questions posées. Ils conviennent ensuite de réunir tout le monde pour présenter les résultats de l'enquête et en discuter.

Les débats font émerger une lecture commune des enjeux et des besoins, parallèlement au désir commun de « s'en sortir ». Mais pourquoi s'investir dans une entreprise visant à changer les choses ? À cette question, toute la communauté répond : pour devenir les maîtres de notre destinée dans le respect des valeurs ancestrales. Cette volonté collective sera résumée dorénavant dans une devise : *Pour nos pères et nos enfants.* Denis Ross précise que cette résolution est axée sur la mémoire de leurs pères, sur leur fierté et sur l'avenir de leurs enfants.

Trois valeurs ancestrales vont appuyer cette devise et orienter la prise de décisions et leurs actions : le respect de la nature, l'entraide et le partage. Il s'agit de principes qui, de tout temps, ont guidé la vie des Innus. Le respect de la nature et de la Terre Mère est inscrit dans le credo culturel et religieux des Autochtones, alors que les membres montrent constamment leur appréciation au Créateur et à l'esprit des animaux pour la nourriture tirée de leur territoire[10]. La valeur de respect englobe le respect de soi, d'autrui, des animaux, des biens d'autrui et de l'environnement. La chasse à l'ours, au caribou et à l'orignal pratiquée par les communautés innues exige la coopération de plusieurs, parfois jusqu'à 80 personnes[11]. L'entraide, valeur issue de leur héritage culturel et spirituel, se vit aussi dans l'importance donnée à la collectivité et à la réponse aux besoins de ses membres. Quant au partage, il est valorisé dans la transmission des savoirs traditionnels, des savoir-faire et des savoir-être. Les profits générés par les diverses entreprises, puis redistribués à la communauté de façons variées, sont une autre manifestation concrète de la place accordée au partage et à l'entraide.

Ces valeurs de respect, d'entraide et de partage vont donc guider le système économique et social mis en place par les Innus d'Essipit depuis le début des années 1980. Denis Ross raconte qu'à de nombreuses reprises les discussions, parfois tendues et difficiles, ont connu un dénouement positif lorsque les membres du Conseil de bande ou ceux réunis en assemblée générale se sont demandé si la décision étudiée allait honorer à la fois leur devise et leurs valeurs de respect de la nature, d'entraide et de partage.

10. E. Faries et S. Pashagumskumm (2002), *Une histoire du Québec et du Canada*, Mistassini, Commission scolaire crie, p. 29.

11. P. Charest (1996), « La composition des groupes de chasse chez les Mamit Innuat », *Anthropologie et Sociétés*, vol. 20, nº 3, p. 107-128.

Bien que toute décision importante au sein d'une réserve soit sous la responsabilité du ministre des Affaires indiennes, la communauté décide que l'exploitation future des entreprises, des services, des équipements et des infrastructures appartiendra à tous les membres, collectivement. Cette philosophie de développement socioéconomique, inspirée du mouvement coopératif et acceptée à l'unanimité par la population, sera l'un des facteurs de succès. Les revenus des entreprises seront réinvestis pour la communauté dans l'amélioration des installations et des services; les emplois créés dans les entreprises seront occupés en grande partie par les membres de la communauté. Leur révolution tranquille vient de s'amorcer.

Quatre axes stratégiques

Commence alors un long processus de transformation jalonné de petits et de grands pas, d'efforts multiples, de démonstrations de persévérance, voire de résilience, devant les obstacles de toutes sortes qui vont surgir. En 1978, l'ancien conseil de bande juge bon de céder sa place. Denis Ross, alors conseiller depuis deux ans, est élu chef, avec trois autres conseillers.

Une fois élaboré le plan d'action issu des consultations, les priorités sont établies avec la communauté, puis mises en application sans délai. Le plan d'action prévoit quatre axes stratégiques :

1) la diversification de l'autonomie, grâce à l'éducation, à la formation et à la création d'entreprises ;
2) la création d'emplois ;
3) le développement du secteur récréotouristique ;
4) la satisfaction des besoins de la population en matière de services essentiels (santé et services sociaux), de services publics et commerciaux.

Depuis 1980, le plan d'action est mis à jour à deux ou trois reprises chaque année et est adapté selon les besoins et les enjeux qui surgissent. Les progrès et les défis sont discutés avec la collectivité au cours de diverses assemblées. Il y a ainsi cinq ou six assemblées régulières pendant l'année, dont l'objectif est de consulter la communauté sur des dossiers en particulier. Une assemblée générale annuelle a aussi lieu, qui porte uniquement sur les états financiers.

L'action prioritaire souhaitée par l'ensemble des Innus d'Essipit pendant leur première rencontre collective est la construction d'un centre communautaire, futur lieu de rassemblements, d'échanges et de loisirs. Appuyé par le ministère des Affaires indiennes, le financement pour la construction de ce centre se fera aussi grâce à un prêt de la caisse populaire locale. Ce prêt sera assuré par une organisation du gouvernement fédéral.

Un lieu de rassemblement et une source de revenus

Construit dès les débuts de leur révolution tranquille, ce centre communautaire concrétise l'espoir que les choses peuvent changer. Il facilite aussi grandement les échanges avec la communauté, la transmission d'informations et les consultations, tellement nécessaires au développement du leadership partagé grâce à la compréhension commune et à la confiance collective ainsi engendrées. Le centre abrite une salle de réception, une salle de billard, un bar, une salle d'entraînement physique.

En plus d'offrir aux Innus un lieu pour se rassembler, le centre tient des activités, qui constituent une première source de revenus, lesquels sont investis par la suite dans l'achat d'entreprises et de territoires. Comme ces propriétés se trouvent à l'extérieur de la réserve, elles ne sont pas assujetties à la Loi sur les Indiens. La réserve n'occupant qu'une petite superficie, soit 87,6 hectares (261,4 acres), c'est à l'extérieur d'elle qu'une grande partie du développement économique se fait grâce à l'achat de pourvoiries et de diverses entreprises rattachées aux industries de la pêche, de la foresterie et du tourisme. Les emprunts en dehors de la réserve auprès de la caisse populaire deviennent ainsi plus faciles.

La décision de construire le centre communautaire sera suivie par l'embauche en 1980 d'un directeur général, premier employé de la Première Nation des Innus d'Essipit.

Peu à peu, le conseil de bande poursuit le déploiement du plan d'action avec la collaboration de toute la communauté et sur laquelle se greffent des professionnels, autochtones ou non, formés à la finance, à l'éducation, au marketing et au tourisme. Le développement socioéconomique des Innus d'Essipit vient de s'enclencher.

Le développement socioéconomique : un sentiment de fierté

Le développement récréotouristique de la Première Nation des Innus d'Essipit, lancé peu après, repose sur la mise en valeur des ressources naturelles – du fleuve Saint-Laurent, des lacs, des rivières et de la forêt – et sur une vision communautaire du développement inspirée du mouvement coopératif.

L'achat d'une première pourvoirie située à l'extérieur de la réserve représente une autre étape marquante de la transformation sociale et identitaire de la communauté d'Essipit. Celle-ci est maintenant propriétaire de six pourvoiries situées dans de magnifiques forêts et près de lacs poissonneux. Le touriste qui y séjourne peut pêcher, chasser l'ours, l'orignal et le petit gibier ou encore s'adonner à l'observation des oiseaux et de la nature. L'acquisition de ces terres permet à la Première Nation d'Essipit non seulement de gérer un vaste territoire ancestral et d'y être souveraine, mais de renouer avec sa culture en tissant ce lien invisible entre l'individu, la Terre Mère d'où il est issu et le peuple auquel il appartient. Une intégration de son ancien mode de vie à son développement d'aujourd'hui s'est faite grâce aux activités économiques et touristiques rattachées à la chasse, à la pêche et à l'appréciation de la nature.

Au début des années 1990, la communauté poursuit son développement socioéconomique en achetant deux entreprises spécialisées dans les excursions d'observation des baleines et de quelques espèces de phoques dans le golfe du Saint-Laurent. Elle offre également aux touristes différents types d'hébergement, dont des condos, des chalets et des espaces de camping. Elle est aussi propriétaire de deux bateaux de pêche et copropriétaire avec des Allochtones de la région d'une poissonnerie et de deux usines de transformation du poisson.

Fidèle à ses orientations stratégiques qui visaient notamment la création d'emplois, la communauté emploie maintenant plus de 200 personnes, dont plus de la moitié sont des Innus. Le recrutement se fait aussi à l'extérieur, car la population active ne suffit pas en période estivale à répondre aux besoins en main-d'œuvre. La Première Nation des Innus d'Essipit est ainsi devenue un important employeur de la Haute-Côte-Nord.

En outre, le pourcentage des jeunes obtenant un diplôme d'études secondaires dépasse les 90 %, et ils sont de plus en plus nombreux à accéder à une formation postsecondaire, collégiale et universitaire. Suzie Gagnon, responsable des programmes d'éducation, indique que 13 Innus d'Essipit poursuivaient en 2010 des études postsecondaires, soit un peu plus du tiers des personnes inscrites aux études à temps plein et âgées de plus de 15 ans. En comparaison, ailleurs au Québec, la proportion de la population autochtone inscrite aux études postsecondaires serait de moins de 10 % et la proportion de la population québécoise ayant un diplôme d'études universitaires serait environ de 30 %[12]. Il semblerait donc que la population des Innus d'Essipit rattrape celle du Québec en matière d'éducation, alors que 30 ans auparavant, elle était loin derrière.

Bref, le lien de dépendance qui existait entre les membres de la communauté et les divers paliers de gouvernement s'est considérablement réduit. L'autonomie des membres s'est accrue grâce à la création d'emplois dans les différentes entreprises de la réserve de même que grâce à l'éducation rendue plus accessible en raison du soutien apporté par la responsable des programmes d'éducation. Tout est fait afin de favoriser le plus possible la formation et l'éducation des membres de la communauté. Par exemple, un professionnel accompagne les jeunes pendant leurs études, depuis le primaire jusqu'au niveau postsecondaire. Et afin de décourager le décrochage scolaire, toute personne ne détenant pas un diplôme d'études secondaires ne peut travailler dans les entreprises de la communauté. Cette décision a été prise à la suite de discussions nécessitant l'assentiment de tous.

Au cours de nos entretiens, Denis Ross fait ressortir clairement le fait que le succès des initiatives prises par la communauté dépend grandement des rapports de complicité et de collaboration qui existent entre le conseil de bande, le personnel de la réserve et la communauté tout entière. L'entraide, le travail d'équipe et le professionnalisme, dit-il, sont très forts. La compétence et la stabilité de cette équipe sont aussi liées étroitement aux résultats obtenus. Le chef du conseil de bande souligne la contribution de tout le personnel, dont celle de Marc Genest, qui s'occupe depuis plus de 20 ans du développement économique, et celle de Réginald Moreau, qui est affecté au développement communautaire et à l'éducation.

La propriété collective des avoirs

Le leadership partagé au sein de la communauté d'Essipit se caractérise par une vision commune et par le partage du pouvoir, du savoir, mais aussi des avoirs. En effet, les entreprises (et non les terres de la réserve,

12. J. Richards (2011), L'éducation des Autochtones au Québec : un exercice d'analyse comparative, Institut Howe, *Cahiers sur l'éducation*, n° 328.

qui sont la propriété du gouvernement) appartiennent à la communauté de façon indivise. Tous les membres de la communauté se définissent et agissent comme les véritables propriétaires des entreprises et des actifs. Le nombre d'entreprises dont la communauté est propriétaire rend compte de la force de leur dynamisme. Selon l'anthropologue Charest (2006), leurs revenus sont de l'ordre de 12 millions de dollars et la valeur des actifs avoisine les 27 millions. Le modèle de développement socioéconomique d'Essipit mise sur ce que Charest appelle un « capitalisme communautaire », où l'entrepreneuriat est collectif plutôt qu'individuel et où les retombées visent le bien-être communautaire et non l'enrichissement d'individus. C'est la spécificité du leadership partagé des Innus : partage des avoirs et partage du pouvoir collectif.

Au fil des ans, les revenus des entreprises d'excursions d'observation des baleines, des pourvoiries ou d'autres sources sont réinvestis dans l'amélioration des conditions de logement, l'acquisition d'autres entreprises et la fourniture de ressources en santé et services sociaux. À ce titre, Essipit offre à sa communauté un Centre de santé et de services sociaux, des services éducatifs et culturels, un poste de police, un Centre de la petite enfance et des logements sociaux.

Un leadership partagé au-delà de la communauté

Le leadership issu des trois jeunes hommes, puis de toute la communauté des Innus d'Essipit, s'est étendu aux nombreux partenariats établis depuis un peu plus de 30 ans non seulement avec d'autres groupes autochtones, mais avec des gens d'affaires allochtones du milieu et les élus locaux. Pour Denis Ross, le leadership collectif est une valeur durable pour s'assurer de la prospérité économique, sociale et culturelle de tous. Mentionnons quelques exemples de ces partenariats.

Sur le plan du développement économique, les Innus d'Essipit sont actionnaires, avec d'autres partenaires, de Granulco, une entreprise forestière qui produit des granules de bois. Ils sont aussi copropriétaires de restaurants et de poissonneries aux Escoumins et à Sept-Îles de même que d'une usine de transformation du poisson. La directrice de cette usine de transformation, Josée Leblanc, constate, au cours d'une entrevue avec le journaliste Saint-Pierre, l'ampleur de la transformation : « Il s'est établi un grand respect en 10 ans de partenariat avec les Autochtones dans le domaine des pêches sur la Côte-Nord. Des piliers comme Gilles Gagnon, des Crabiers du Nord, Robert Savard, de Pêcheries Manicouagan, et les conseils de bande d'Essipit, Pessiamite, Uashat et Mani-Utenam échangent expertise et accès à la ressource dans une formule gagnante et prometteuse[13]. »

Un partenariat avec les municipalités locales a aussi permis l'installation en 2010-2011 de 16 tours de communications qui relient dorénavant un réseau d'une douzaine de municipalités.

Sur le plan politique, les Innus d'Essipit unissent leurs efforts avec d'autres communautés innues dont celle de Nutashkuan, située à Natashkuan[14] à 350 km à l'est de Sept-Îles, et celle de Mashteuiatsh située au Saguenay-Lac-Saint-Jean, pour retrouver leurs droits, dont ceux concernant la propriété de leurs anciens territoires de chasse.

Certains membres de la Première Nation des Innus d'Essipit font partie du conseil d'administration du Centre Archéo Topo, qui étudie les sites archéologiques de la Côte-Nord. C'est à leur propre initiative qu'ils ont pu prendre place à la table des discussions en voulant s'assurer que la présence des Innus était bien vivante, qu'elle n'appartenait pas qu'au passé.

Dans cette constellation de partenariats pour un leadership collectif fort, le seul regret exprimé par Denis Ross, le chef de bande sortant, est la difficulté à établir une collaboration avec l'administration du village voisin pour des raisons qui puisent probablement à différentes sources: l'histoire, la compétition, les malentendus, la méfiance. Quant aux collaborations avec les autres communautés innues, Ross souhaiterait un jour que se crée une entente fondée sur une vision commune entre toutes pour, dit-il, se donner ensemble encore plus de pouvoir.

La relève

Après 34 années de service, Denis Ross quitte ses fonctions de chef de bande. Il part avec le sentiment de laisser une communauté extrêmement dynamique qui voit l'avenir de façon très positive et qui participe au développement de la région, en partenariat avec ses voisins et dans le

13. J. Saint-Pierre (2012), « UMEK: une réussite autochtone dans l'industrie de la pêche », Nord-Est, 30 juin; www.hebdosregionaux.ca/est-du-quebec/2012/06/30/umek-une-reussite-autochtone-dans-lindustrie-de-la-peche.

14. Nutashkuan est le nom de la communauté innue située à Natashkuan (ou Natashquan lorsque c'est écrit en français et non en langue innue).

respect de la nature. La façon dont les membres travaillent ensemble depuis tant d'années maintenant est telle que son départ ne pourra déstabiliser la communauté. Un des avantages du leadership partagé est certes le développement des compétences de leadership de tous.

Néanmoins, lorsqu'on lui demande quelles caractéristiques de leadership lui semblent importantes pour poursuivre la mobilisation collective, ce chef de bande répond que l'une des qualités que doivent posséder les leaders et les administrateurs de la communauté est la capacité de faire passer les intérêts collectifs avant les intérêts personnels. Il ajoute qu'il faut être capable d'écouter attentivement, de discuter avec l'équipe, la communauté et les divers partenaires ; qu'il faut faire preuve d'une certaine humilité en reconnaissant qu'une personne ne peut trouver seule les solutions aux problèmes ; qu'il faut, enfin, un bon jugement et une capacité de s'entourer de personnes compétentes qui combleront les faiblesses du chef de bande.

La relève des leaders de la Première Nation des Innus d'Essipit est une entreprise de longue haleine. Il y a quelques années, par exemple, un forum jeunesse a été mis sur pied afin de familiariser les jeunes avec les enjeux actuels, les solutions possibles et les partenariats. Participent à ces forums des membres de différents groupes autochtones, les membres du personnel et des anciens. Ces forums, qui durent quelques jours, utilisent les vidéoconférences pour permettre à d'autres jeunes Innus situés à Natashkuan et à Mashteuiatsh de participer aux échanges. Encore une fois, le dialogue social est au rendez-vous.

* * *

En un peu plus de 30 ans, le leadership partagé au sein de la communauté d'Essipit a permis à celle-ci de passer d'une société désabusée à une société fière, qui fait l'envie des uns et l'admiration des autres, en plus d'engendrer confiance, force et prospérité, avec le concours de tous ses partenaires, qu'ils soient autochtones ou non.

Ce leadership partagé est caractérisé par une vision commune, celle de devenir une société autonome financièrement et politiquement, orchestrée autour d'une devise, *Pour nos pères et nos enfants*, enracinée dans des valeurs solides et déclinée en un plan stratégique établi avec et pour la communauté. Tout cela constitue les bases de la force, de la confiance et de la résilience collectives.

Le succès d'une communauté, cela concerne toute une équipe, nous dit encore Denis Ross. Il faut des leaders au départ, mais surtout il faut s'assurer que la population et le personnel sont derrière ses leaders. Pour cela, il est important d'informer et de former la population, de la consulter et d'intégrer ses points de vue. « La réussite, poursuit-il, ce n'est pas l'affaire d'un individu, c'est l'affaire de tous ; ce n'est pas un secret, c'est la recette gagnante ! »

CHAPITRE 3

Danone : une vision partagée dans la recherche et le développement de talents

Une entreprise doit, pour réussir, viser à la fois la performance économique et le développement social des collectivités avec lesquelles elle interagit, que ce soient les employés, les fournisseurs ou les communautés locales. C'est là le credo du président-fondateur de Danone, Antoine Riboud, et de son fils Franck, le président-directeur général actuel. Danone est une entreprise où le leadership partagé (management collaboratif) s'est développé dès ses débuts, puis s'est renforcé et enfin s'est généralisé à l'ensemble de l'organisation. C'est donc dans un souci de performance économique et sociale, d'innovation et d'agilité organisationnelles que la haute direction de l'entreprise a déployé depuis quelques années tous les leviers nécessaires pour que non seulement son personnel, mais ses fournisseurs puissent mieux collaborer afin de réaliser la mission de l'entreprise : « la santé par l'alimentation pour le plus grand nombre ». Les concepts et les pratiques de leadership partagé prennent des significations toutes particulières dans cette organisation vouée autant à la réussite économique qu'à la création de valeur pour la société dans son sens large. Ce chapitre illustre, outre les initiatives visant le développement du leadership de tous, une application spécifique au processus de gestion des talents dans la zone Asie-Pacifique par le truchement du développement participatif d'une vision collective.

Dès les débuts de l'histoire de Danone, le fondateur, Antoine Riboud, définit le projet de l'entreprise comme un double projet, à la fois économique et social. En 1972, il explique ainsi devant un parterre de chefs d'entreprise français, dans ce qui sera ensuite appelé « le discours de Marseille », qu'il ne peut y avoir de développement économique sans le développement des hommes et des femmes qui constituent l'entreprise[1]. Son objectif a toujours été, dit-il dans son autobiographie, de réduire les inégalités excessives en matière de conditions de travail en associant les salariés au projet et en dialoguant avec eux[2]. Franck Riboud, son fils qui lui succède en 1996, va poursuivre le développement de l'entreprise selon les mêmes fondements. Les valeurs de Danone, « humanisme, enthousiasme, ouverture et proximité », formalisées en 1997, sont communiquées à l'interne et concrétisées le plus possible dans le leadership attendu de tous les salariés de l'entreprise.

Danone est une entreprise agroalimentaire dont le siège social est établi en France mais qui a des installations dans plus de 120 pays. Elle compte 160 emplacements de production et près de 100 000 collaborateurs. Ses produits sont regroupés selon quatre branches d'affaires : l'eau, pour laquelle Danone est le numéro 2 mondial ; les produits laitiers frais, où elle est le numéro 1 mondial ; la nutrition infantile, où elle se classe au deuxième rang mondial ; et la nutrition médicale pour personnes affaiblies physiquement, dont elle est le leader mondial.

Son chiffre d'affaires en 2012 dépassait les 20 milliards d'euros, en progression de 5,4 % par rapport à l'année précédente, avec une rentabilité de 14,2 %. Sa croissance se situe surtout à l'extérieur de l'Europe, et plus particulièrement dans les pays émergents, avec moins de 20 % de son chiffre d'affaires en France et moins de 50 % en Europe[3]. Danone connaît une croissance continue depuis plusieurs années, et ce, malgré la crise financière de 2008.

En 2005, des rumeurs circulent selon lesquelles PepsiCo préparerait une offre de rachat hostile de Danone. Cette information, prise comme une menace réelle, provoque une réflexion profonde chez Danone. « Qu'est-ce qui définit Danone ? Qu'est-ce qui permettrait de préserver son autonomie ? » La réponse à ces questions, établie après diverses consultations et analyses menées auprès du personnel, d'anciens dirigeants, de

1. P. Labasse (2007), *Antoine Riboud, un patron dans la cité, textes et paroles*, Marseille, « Le discours fondateur », p. 49-71, Paris, Éditions Le Cherche-midi.

2. A. Riboud (1999), *Le dernier de la classe*, Paris, Grasset.

3. P. Deheunynck (2008), « La "uniqueness" de Danone », *Revue Journal de l'école de Paris*, vol. 3, nº 71, p. 39.

fournisseurs, de journalistes, d'actionnaires, d'universitaires, oblige Franck Riboud à constater que la spécificité de Danone doit devenir le garant de la pérennité de l'entreprise. La prise de conscience collective de ce qu'est sa personnalité d'entreprise va permettre à Danone d'approfondir son caractère unique[4] et de cibler les leviers d'accentuation de cette personnalité.

L'année 2007 marque une autre étape importante dans l'histoire de Danone alors que l'entreprise fait face à la crise économique et à la baisse du pouvoir d'achat des consommateurs. Les réflexions amènent l'entreprise à comprendre que cette crise n'est pas uniquement financière et économique, mais sociétale et environnementale. Les enjeux liés à la santé sont dorénavant associés à des enjeux sociaux d'une grande envergure, alors qu'un milliard de personnes se couchent le soir en ayant faim et qu'ailleurs l'obésité touche des populations de plus en plus nombreuses et jeunes. Mais comment accroître les ressources alimentaires tout en consommant moins d'eau, d'énergies et de terres ? Ces constats serviront de tremplin à une transformation de Danone en la propulsant à l'avant-garde des entreprises agroalimentaires. Franck Riboud et ses équipes décident d'intégrer plus profondément encore les aspects économique et sociétal dans la mission et la stratégie de l'entreprise.

Danone recentre clairement sa mission sur la santé pour tous par l'alimentation et, en conséquence, se déleste des produits qui, en plus de ne pas être très rentables, ne correspondent pas à sa mission, tels que les biscuits et les produits céréaliers. La même année, elle acquiert Numico, un spécialiste de la nutrition médicale et de la nutrition infantile, qui vient utilement compléter son portefeuille de produits et asseoir son positionnement.

New Danone

Franck Riboud comprend très bien que le fait de rechercher uniquement la performance économique n'est pas un agent très mobilisateur. Pour ce président-directeur général, ce qui crée la valeur spécifique de Danone, c'est d'abord l'engagement collectif autour de sa mission, bref d'être rentable tout en contribuant à une mission sociale. À partir de 2009, cette

4. *Ibid.*, p. 38.

mission de santé s'exprime au moyen de quatre axes stratégiques étroitement liés, qui donneront corps au *New Danone.*

Le premier axe est évidemment *la santé*, grâce à des produits de qualité mis au point par une activité de recherche et développement innovante et des partenariats avec des acteurs de l'écosystème local dans les pays où l'entreprise est implantée.

Le deuxième axe stratégique est *la nature.* En matière de développement durable, Danone fait souvent figure de précurseur. Du soin apporté à la préservation de l'impluvium des Eaux d'Évian au choix de s'approvisionner auprès des éleveurs locaux tout en les aidant à passer au lait « bio », la plupart des actions de Danone tiennent compte des écosystèmes et se veulent responsables à l'égard des producteurs locaux et de la nature. Partout où elle est implantée, Danone s'engage à réduire de façon significative son impact sur l'environnement. Ce deuxième axe poursuit la philosophie du fondateur Antoine Riboud, qui disait : « Il n'y a qu'une seule terre. »

Le troisième axe stratégique est centré sur *les personnes.* Danone veut être une *best place to grow*, une entreprise où l'on grandit et se développe. À l'interne, les efforts de formation, de responsabilisation des personnes et de développement des talents s'avèrent importants, car on veut donner « à chacun des collaborateurs la possibilité de se développer, d'anticiper les mutations et de donner du sens à son travail[5] ». Danone s'engage à développer l'employabilité, les compétences et l'autonomie de tous ses salariés. Concrètement, lors de la crise économique de 2008, Riboud s'évertuait à rappeler à ses gestionnaires que le seul budget où ils ne pouvaient comprimer les dépenses, c'était celui de la formation. Cette préoccupation pour le développement vaut également pour les partenaires extérieurs et les populations locales. Danone travaille dans un souci constant d'améliorer ses liens avec ses divers partenaires, afin de contribuer de façon durable au développement de ses clients, de ses fournisseurs et des communautés environnantes. Elle s'engage auprès des agriculteurs locaux et soutient les organisations non gouvernementales (ONG) luttant contre l'obésité, entre autres initiatives.

La spécificité de Danone, c'est une gestion dite « gloCale », qui est ainsi mondiale, mais dont l'unité opérationnelle de base est locale, et où les dirigeants agissent de façon très décentralisée tout en étant en inter-

5. Rapport développement durable Danone, 2009.

action avec l'organisation globale. Le modèle d'affaires de l'entreprise s'appuie sur les besoins, les goûts et les habitudes culturelles des pays où elle s'implante. Par exemple, Danone devient Dannon aux États-Unis. Finalement, la spécificité de Danone repose sur son projet sociétal, aux caractéristiques humanistes, c'est-à-dire qu'elle laisse une large place au développement des personnes et à l'amélioration des collectivités.

Le quatrième axe stratégique est *la croissance*, qui reste le nerf des affaires. Se donner comme mission « la santé par l'alimentation pour le plus grand nombre » est exigeant. Cela sous-entend d'aller dans une multitude de pays, de vendre au plus grand nombre de consommateurs, mais également dans certains cas de vendre moins cher, ou de vendre des produits différents, afin de rendre l'alimentation de qualité accessible aux populations situées en « bas de la pyramide » du pouvoir d'achat. Danone a ainsi mis au point une approche où les modèles économiques facilitent l'accès aux produits à des populations peu favorisées. À titre d'exemple, Danone a créé avec Muhammad Yunus la société Grameen Danone Foods Limited, dont la mission est d'offrir des produits laitiers nutritifs, fabriqués localement, à la population du Bangladesh. Cette société est financée par le Fonds Danone.communities, un fonds géré par le Crédit Agricole. Soutenu par le groupe Danone, danone.communities investit dans le capital d'entreprises sociales et y engage les compétences de ses équipes et de ses partenaires. Un autre exemple adapté aux réalités locales consiste à produire en Indonésie des produits accessibles destinés à l'alimentation d'enfants en bas âge qui n'ont pas les nutriments nécessaires. Dans ces modèles économiques originaux, les usines sont plus simples, peu automatisées et emploient du personnel local. La rentabilité est moindre, mais le cercle est vertueux ; et pour Danone, c'est un moyen d'apprendre, de toucher davantage de monde en sortant de sa cible de consommateurs habituels et de remplir sa mission.

À l'appui de sa stratégie, Danone mise sur sa culture d'entreprise, avec notamment quelques particularités qui lui confère un style spécifique.

La première de ces caractéristiques est l'ouverture qui se manifeste par la capacité d'apprendre et de tirer profit de la connaissance disponible à l'interne comme à l'externe. Ce levier est tel que cette entreprise innove autant que la concurrence, qui dispose souvent de trois à quatre fois plus de chercheurs.

Une deuxième caractéristique est la réactivité, c'est-à-dire la capacité de décider et d'agir rapidement, en raison de la souplesse des processus de décision et de l'esprit d'entrepreneuriat du personnel. Cette agilité démontrée par Danone est encouragée par un souci constant de ne pas agir de la même manière que les concurrents. Souci venant sans doute de la mentalité du fondateur, qui incitait ses collaborateurs à se différencier : « Singularisez-vous », disait Antoine Riboud.

L'adhésion des personnes et la force de l'organisation constituent une troisième particularité de Danone, associée à la capacité de ses différentes unités d'affaires de travailler selon un leadership partagé. Une analyse de ses diverses unités d'affaires lui a en effet permis de constater que celles qui avaient la meilleure performance adoptaient une stratégie très claire et hautement partagée par tout le personnel, y compris les opérateurs, soit tout le personnel des usines ; qu'elles avaient plus que les autres travaillé ensemble sur leur processus et leur organisation ; qu'elles misaient davantage sur le développement des hommes et des femmes ; qu'elles avaient leur culture propre, cohérente par rapport à celle de Danone, tout en étant localisée et enrichie. Danone qualifie cette valeur d'humanisme misant sur « l'attention portée à l'individu, qu'il soit consommateur ou citoyen ».

Enfin, les études comparatives ont également révélé qu'il existait un niveau de proximité très rapproché entre les équipes dirigeantes et les salariés et que, par conséquent, on retrouvait une grande cohérence dans le discours tenu entre les différents membres des unités d'affaires et même avec les interlocuteurs à l'extérieur de l'entreprise[6]. Bref, les unités d'affaires ayant les meilleures performances présentaient un style de management hautement collaboratif et participatif afin de réaliser leurs objectifs. La proximité est ainsi valorisée entre collaborateurs, consommateurs, clients, fournisseurs, actionnaires et société civile.

Ce chapitre vise à démontrer comment ce style de leadership partagé peut se vivre dans l'entreprise, en décrivant notamment l'initiative prise par la fonction ressources humaines de la zone Asie-Pacifique pour définir une vision collective appliquée au développement des talents. Ce cas permettra de comprendre les caractéristiques spécifiques du style de management collaboratif et collectif sur lequel Danone mise justement afin de garantir la pérennité de sa performance économique et sociétale[7].

6. *Ibid.*, p. 40.
7. *Ibid.*, p. 44.

Mais auparavant, nous présenterons la philosophie, les principes de gestion des ressources humaines et de développement du « leadership de tous » afin de mieux comprendre le contexte global dans lequel s'inscrit la démarche de la direction des ressources humaines de la zone Asie-Pacifique.

Le leadership de tous

Chez Danone, devant les occasions, les tendances et les défis existants, la conviction s'est rapidement répandue que de nouvelles attitudes de leadership étaient requises dans un monde devenu imprévisible. Persuadé que le leadership est le propre de chaque individu engagé dans l'entreprise, qui se mobilise et mobilise les autres afin qu'ils donnent le meilleur d'eux-mêmes, le président-directeur général et son équipe de direction ont fait du leadership collectif un pilier de la philosophie de gestion et de la transformation de Danone. Les objectifs suivants en matière de ressources humaines révèlent les valeurs à la base de l'expression du leadership par chacun, soit l'inclusion et la coopération dans le respect des différences :

- Permettre à toutes les compétences et à tous les talents de se développer et de s'épanouir, pour que l'entreprise ait une excellente performance et soit proche de ses consommateurs.
- Accélérer l'innovation par le « frottement » entre les façons de penser différentes, au travers de la mixité des équipes (hommes/femmes, origines sociales différentes, nationalités multiples, mélange des générations, diversité des parcours).

Afin d'assurer le développement durable et la croissance de l'entreprise, une série d'initiatives ont été implantées, qui touchaient les 100 000 employés, dont un référent collectif qui spécifie les attentes en matière de leadership diffusé partout dans l'entreprise et qui sert dorénavant de fondement à toutes les initiatives en matière de gestion et de développement des ressources humaines.

Pour Danone, le développement du leadership, c'est « conjuguer le leadership au pluriel pour le Danone du futur[8] ». Des stratégies claires sont mises en œuvre en vue de créer cette culture de leadership de tous.

8. Voir www.eveprogramme.com.

En 2009, un cadre de référence en matière de leadership de tous, dont CODE est l'acronyme symbolique, a été défini et instauré. Ce cadre de référence rend plus explicites les valeurs et les attitudes déjà présentes de Danone en matière de leadership. CODE décrit les comportements de leadership attendus de tous dans l'entreprise. À chacune des lettres correspondent une attitude et des comportements de leadership à déployer dans le quotidien, en vue de contribuer à l'avenir de Danone, donc à l'avenir de chaque employé.

C pour *Committed*, engagé dans les actes quotidiens afin de réussir l'ambition de Danone, en s'appuyant sur les valeurs de l'entreprise (ouverture, enthousiasme, humanisme, proximité).

O pour *Open*, s'ouvrir aux autres et aux nombreux apprentissages ; faire preuve d'empathie, d'écoute, de respect ; parler vrai, partager avec les autres, travailler en réseau, développer la proximité interne et externe.

D pour *Doer*, soit l'individu qui agit et obtient des résultats rapidement ; celui qui prend des risques et assume ses responsabilités pour construire l'avenir.

E pour *Empowered/Empowering*, soit celui qui responsabilise et développe ses collaborateurs, qui s'appuie sur la force du collectif, mais aussi celui qui accompagne et développe tous les talents ; celui qui fait preuve d'une ambition saine, recherche des occasions de développement pour lui-même et les autres.

Cette expression de la culture de leadership s'est faite en totale harmonie avec les valeurs du groupe. La synthèse est formulée dans la rubrique invitant les candidats à l'emploi à se joindre à l'entreprise : Chez Danone « … *nos leaders sont engagés dans un avenir ambitieux et ils sont ouverts à l'apprentissage et au partage. Ce sont des gens impliqués dans l'action qui sont à même de produire rapidement des résultats en se responsabilisant et en faisant progresser les gens autour d'eux.* »[9] Le référentiel correspondant a été traduit dans plus de 30 langues et a été intégré dans les processus de gestion des ressources humaines (recrutement, formation, évaluation de la performance, identification et développement des talents, planification de la relève).

Plus spécifiquement, les initiatives structurées de développement d'une culture de leadership de tous, ou collectif, sont les suivantes :

9. Voir http://www.danone.ca.

1. Un énoncé d'objectifs de développement durable en matière de capital humain (*sustainability*) avec la prémisse que le développement des personnes est d'abord bénéfique à ces dernières et se répercutera sur la croissance durable de Danone. À titre d'exemple, en 2010, Danone lançait son programme *Dan'Cares* pour apporter un minimum de couverture médicale à l'ensemble des salariés dans toutes les zones géographiques. Danone publie annuellement son rapport relativement au développement durable.
2. Des attitudes phares de leadership de tous intégrées dans le management et évoquées par l'acronyme CODE.
3. Un engagement en matière de développement du leadership des personnes et des équipes, fortement communiqué tant à l'interne qu'auprès du public et des diverses parties prenantes, dont les fournisseurs.
4. Des programmes de formation au leadership personnel et collectif des 15 000 chefs d'équipe, incluant des stratégies de développement des équipes au sein du Danone Leadership College (DLC). Trois objectifs constituent le cœur du DLC :
   1) développer le leadership de tous fondé sur CODE, en commençant par les chefs d'équipe, puis en le déployant vers tous les ouvriers, commerciaux et employés ;
   2) contribuer à améliorer les performances d'affaires ;
   3) contribuer à faire grandir les salariés et à responsabiliser l'ensemble des *Danoners*.

Depuis 2009, du premier échelon jusqu'au dernier, les 15 000 chefs d'équipe participent au Danone Leadership College à un moment ou un autre. Les sessions visent à développer le leadership de toutes les personnes de l'entreprise. Le programme de formation et de développement du leadership s'intitule d'ailleurs *Tous leaders !*

L'objectif de ce programme est d'accroître l'autonomie et la prise de responsabilités de chaque salarié afin de faire de Danone une entreprise où tout le monde peut apprendre et se développer. Les sessions portent sur le développement personnel du leadership dans le contexte de Danone et traitent de la prise de décisions, de la collaboration, de l'innovation, de l'inclusion et des gestes quotidiens à démontrer dans le respect des valeurs de l'entreprise. Elles visent aussi le développement de la capacité des équipes respectives sous la responsabilité des participants.

5. Un programme de développement du leadership réservé aux femmes, dans le but d'aider celles-ci à progresser dans l'entreprise, soit le *Danone Women Leadership Lab*. En 2010, Danone a lancé un premier séminaire EVE pour le leadership des femmes en partenariat avec d'autres entreprises et a réuni 230 femmes autour du thème « Oser être soi pour pouvoir agir ». Devant le succès de cette rencontre, le séminaire a ensuite été organisé chaque année.

Pour Muriel Pénicaud, directrice des ressources humaines, l'une des conséquences de la stratégie de transformation de Danone est l'engagement de son personnel, engagement qui se situe bien au-delà de ce que l'on trouve dans les entreprises comparables, soit à plus de 85 %. Les trois leviers principaux identifiés dans ses différents sondages sont le leadership ; l'autonomie et la responsabilisation des salariés ; la culture et les valeurs du groupe.

Enfin, pour donner tout leur poids aux volets économique et sociétal de l'entreprise, son système de rémunération variable est construit de telle sorte qu'un tiers est associé à la performance économique et financière, un autre tiers aux leviers de transformation d'affaires et un dernier tiers à la réalisation des indicateurs de performance environnementale et sociale.

Ce qui suit illustre comment se vivent concrètement les visées de Danone alors que la croissance se déplace vers l'Asie et que le processus de recrutement, de développement et de rétention des ressources stratégiques devient un défi majeur.

Un processus participatif de vision collective en Asie

Contexte et besoins

La croissance en Asie est poursuivie sur tous les fronts. Danone n'est pas étrangère à cette croissance, puisque 50 % de son développement se passe dans les pays émergents, dont évidemment ceux d'Asie (15 % de son chiffre d'affaires en 2011). Alors que les ventes de Danone piétinent en Europe, l'ambition d'affaires de l'entreprise est de s'investir davantage à l'étranger en déployant ses activités dans plus de 40 nouveaux pays. En l'espace de quelques années, Danone va donc ouvrir des installations dans une dizaine de pays d'Asie, dont l'Indonésie, la Chine, le Japon et l'Inde. Mais cette croissance internationale requiert des ressources stratégiques, des personnes aptes à diriger les nouvelles unités d'affaires. Sans l'accès à ces ressources humaines, il ne peut y avoir de croissance.

Premier constat : le nombre de candidats à l'expatriation, que ce soit en Chine, en Inde, en Corée du Sud, au Japon ou en Indonésie, ne peut suffire à répondre aux besoins qui s'accélèrent. Deuxième constat : recruter majoritairement des expatriés aux postes de direction va à l'encontre des engagements pris par l'entreprise à l'égard du management de proximité et du développement des communautés locales. Enfin, troisième constat : cette façon de faire est peu propice pour susciter l'engagement des employés, qui se retrouvent sous la direction d'un responsable qui est étranger à la langue et à la culture locales.

La haute direction de Danone pour la zone Asie-Pacifique s'interroge sérieusement sur cet enjeu de ressources humaines dans une région effervescente où la concurrence rivalise sans relâche pour les attirer à elle. Les actions classiques menées par le passé ne sont plus à la mesure des enjeux de la croissance d'aujourd'hui.

La direction de la zone Asie-Pacifique est composée de leaders déjà acquis à la culture de Danone : Pascal de Pétrini, vice-président de la division Nutrition infantile, Dominique Poiroux, vice-président de la division Nutrition médicale, Bernard Ducros, vice-président de la division Eaux, et John Davison, vice-président de la division Produits laitiers frais. Ils invitent la nouvelle directrice des ressources humaines Asie, Cécile Diversy, à réfléchir à une solution novatrice. L'enjeu est de taille, car il s'agit d'une zone complexe et hétérogène compte tenu des cultures, des pratiques, des branches d'affaires différentes de même que des multiples façons de travailler issues d'acquisitions récentes d'entreprises en Asie-Pacifique. Diversy propose une démarche de fédération des diverses parties prenantes autour d'une vision commune. La directrice générale des ressources humaines, Muriel Pénicaud, soutient fermement la démarche. Son équipe de directeurs des ressources humaines *seniors* ayant des responsabilités régionales (Ellen Ruan, directrice développement des ressources, Zhang Xiangdong, directeur développement des organisations, et Zahrah Zaid, directrice formation) se montre enthousiaste face à cette proposition. Diversy demande à Meryem Le Saget, consultante spécialisée dans les méthodes de vision partagée, de l'accompagner sur le plan méthodologique dans cette initiative.

Cécile Diversy n'en est pas à sa première expérience de vision partagée. Alors qu'elle était directrice des ressources humaines au sein de Danone Eaux France (Évian-Volvic), elle avait mis en place avec succès une telle démarche dans le cadre d'une nouvelle approche de gestion à la direction des affaires.

La vision collective

Un processus de vision collective ou participative consiste à faire participer les parties prenantes à la définition de ses propres visées et aux moyens de les réaliser. Ce processus permet d'engager les parties prenantes en les rendant responsables des objectifs qui seront déterminés de même que des actions qui seront privilégiées. La culture de Danone est participative, mais elle n'avait pas encore suffisamment essaimé dans les opérations en Asie. Participer à la définition d'une vision collective en la matière allait du même coup favoriser l'acquisition de nouveaux comportements par tous ceux qui seraient invités à y adhérer en plus de les exposer à la culture de Danone, la *Danone way*.

La vision collective se distingue de la vision issue du haut de la pyramide et communiquée par la suite dans le reste de l'organisation. Dans le cas de la gestion des talents en Asie, cette vision aurait pu être établie par la directrice des ressources humaines après les consultations habituelles. Cette manière de procéder est plus rapide, mais généralement les efforts d'implantation sont beaucoup plus exigeants et longs, car, dans une organisation matricielle, il faut convaincre chacune des parties prenantes, puis s'assurer de la mise en œuvre, laquelle n'est pas toujours au rendez-vous.

Les objectifs poursuivis

L'objectif principal que l'équipe Asie-Pacifique poursuit derrière cette démarche de vision collective est de développer les talents en Asie en faisant en sorte que toutes les parties prenantes se mobilisent et de façon cohérente derrière un plan maître d'action dont elles ont convenu ensemble. La vision collective ainsi définie doit permettre de soutenir la croissance du Groupe, alors qu'un point de blocage majeur potentiel de cette croissance, découvert dans le cadre des plans stratégiques, est un manque de ressources qualifiées et acculturées à Danone. Elle doit donc accroître le réservoir de candidats en Asie et créer une culture qui, bien que cohérente avec celle préconisée par Danone, soit parfaitement en adéquation avec les cultures locales. La participation importante du personnel asiatique au processus de vision collective, en plus des efforts pour faire du recrutement sur le marché local, va concrétiser tout cela.

Un autre objectif consiste à s'assurer de l'engagement des parties prenantes dans l'implantation des plans d'action décidés ensemble en les associant comme partenaires dès le début. Ce dialogue ouvert entre tous a pour but de créer ensemble une vision commune et des solutions quant à la gestion des talents dans un contexte de croissance. La démarche vise aussi comme résultat l'établissement de réseaux de personnes entre les opérations, les pays et les fonctions, et de faire vivre de cette façon la culture de Danone, dont le réseautage (*networking*) est une des caractéristiques majeures.

La démarche

Le parrainage. L'équipe des ressources humaines s'assure au départ d'avoir le parrainage nécessaire au succès de la démarche, en s'adjoignant les trois principaux vice-présidents des activités de Danone en Asie. Chacun deviendra le parrain d'une partie spécifique du programme. L'équipe veille également à obtenir l'adhésion de ses patrons fonctionnels à Paris, afin qu'ils soutiennent l'implantation de ce programme, essentiel à la croissance de Danone dans la zone Asie-Pacifique.

L'équipe Bó Lè. Cécile Diversy met sur pied une équipe de 18 personnes en janvier 2010 qui s'appellera l'équipe Bó Lè et qui donnera le nom de « projet Bó Lè » à leur démarche. Leur nom est inspiré du dieu chinois Bó Lè, dont la principale qualité est de repérer et de développer les meilleurs chevaux.

Cette équipe est constituée de gestionnaires de niveau intermédiaire de chacune des quatre lignes d'affaires (eau, produits laitiers frais, nutrition infantile, nutrition médicale) et des différents pays. On y trouve un directeur général et des responsables issus du marketing, des ventes, des opérations, des finances et de la fonction ressources humaines. Ils viennent des branches d'affaires et de différentes régions, dont la Chine, l'Indonésie, d'Asie du Sud-Est et le Japon. Les membres sont désignés par les directeurs généraux des unités d'affaires de la zone Asie-Pacifique.

Chaque membre apportera sa contribution au déploiement du projet et sera un ambassadeur dans sa propre unité d'affaires, auprès de son propre comité de direction local. Étant des cadres intermédiaires, ils peuvent informer la direction locale tout comme leurs propres équipes et rechercher des rétroactions auprès d'elles. D'ailleurs, tout le processus prévoit des boucles continues de rétroaction, entre l'équipe Bó Lè, les responsables opérationnels des pays concernés et le siège de la zone Asie-Pacifique à Singapour.

La constitution de cette équipe permet déjà de briser les silos, alors que les membres sont habituellement retranchés dans leurs régions respectives ou dans leurs branches d'affaires.

Le but commun. Le but de l'équipe est de faciliter la démarche de définition d'une vision collective sur trois ans (2010-2013) et de suivre le déploiement du plan maître d'action en collaboration avec les différentes parties prenantes. Des plans spécifiques d'action devant découler du plan maître seront élaborés et déployés dans chaque pays concerné de la zone Asie-Pacifique. Plusieurs interlocuteurs des parties prenantes seront mis à contribution à cette fin, dont les responsables des opérations, les responsables des ressources humaines, les fournisseurs de services, les comités de direction locaux de même que le comité de direction central situé à Paris.

Le comité de pilotage. Un petit groupe de sept personnes va assurer tout au long de la démarche la cohérence des orientations stratégiques et des décisions avec les objectifs des activités de Danone en Asie. Ce groupe est composé des trois vice-présidents de la zone, de leurs directeurs des ressources humaines (DRH) respectifs, et il est animé par Cécile Diversy. Il se réunit régulièrement pendant toute la durée du projet.

La méthodologie de collecte de données. Une des premières tâches de l'équipe Bó Lè est de concevoir une stratégie et des outils de collecte de données auprès des parties prenantes concernant entre autres les enjeux, les forces, les faiblesses, les besoins et les solutions relatives au recrutement et à la gestion des ressources stratégiques.

La collecte de données se fait grâce à des entretiens réalisés par chacun des membres de l'équipe Bó Lè et à l'aide de deux questionnaires. Le premier questionnaire comprend des questions s'adressant spécifiquement aux collaborateurs internes de Danone, tels que les responsables des opérations, les gestionnaires et les responsables des ressources humaines. Le deuxième questionnaire traite de questions destinées aux collaborateurs externes, tels que les fournisseurs de services, des universitaires et des recruteurs dans les différents pays concernés. L'équipe détermine aussi que 88 entretiens s'avéreront nécessaires, dont 59 auprès de ressources internes. Les entretiens sont réalisés en janvier et février 2010 par les différents membres de l'équipe Bó Lè.

Synthèse préliminaire et ébauche de vision. Une synthèse préliminaire est réalisée par l'équipe selon les grands thèmes, comme les forces et les faiblesses, l'image de Danone, les besoins actuels et anticipés, les stratégies actuelles et anticipées des recruteurs ainsi que les meilleures pratiques. Il ressort entre autres de cette synthèse une première lecture commune et partagée qui permettra aux membres de cette équipe de saisir l'ampleur des défis, les convergences et les disparités, les forces et les faiblesses, les obstacles et les occasions. Cette mise en commun permet de tirer profit des connaissances des diverses parties prenantes ayant trait à l'acquisition, au développement et à la rétention des nouvelles recrues.

À titre d'exemple, la rétention des ressources est un enjeu très critique, alors que les besoins en personnes compétentes sont disproportionnés par rapport à leur disponibilité. Il y a en Asie une forte croissance qui crée une surenchère entre les employeurs pour attirer les personnes compétentes en leur offrant des enveloppes de rémunération toutes plus intéressantes les unes que les autres. Un autre exemple de défi à relever est celui de l'image de Danone en Chine, ébranlée à la suite du conflit avec Wahaha, son partenaire chinois pendant plus de 10 ans. Un autre enjeu concerne le besoin de sensibiliser davantage les cadres à la nécéssité du développement de leurs ressources humaines.

La première séance publique. L'analyse préliminaire est communiquée et discutée pendant un séminaire de deux jours organisé en février 2010 à Singapour. Participent à cette définition collective de la vision les vice-présidents et leurs DRH, les responsables d'unités d'affaires (*general managers*) et les DRH qui avaient pu se libérer, les membres de l'équipe Bó Lè et, à des fins de validation, à l'issue de la quatrième demi-journée, les personnes ayant participé aux entretiens.

La première journée est une synthèse des constats, alors que la deuxième journée est consacrée à la vision, aux axes stratégiques et aux priorités d'action. Il en résulte une grande carte murale, reproduite ensuite sous forme numérique, et présentant les messages principaux réunis autour d'un thème central : *Create a powerhouse of Asian leaders.* De plus, des axes stratégiques se dégagent clairement autour du leadership, de l'état d'esprit, de la formation des talents. Ces axes serviront de base et d'ancrage aux décisions prioritaires et aux plans d'action subséquents. Un des outils utilisés au cours de cette deuxième journée est la méthode visuelle, qui permet de concrétiser rapidement une vision collective et des priorités. Il ressort de cet exercice, animé par Meryem Le Saget et Cécile Diversy, avec l'apport graphique de David Sibbet, une validation de la vision et des priorités stratégiques qui seront communiquées par la suite aux comités de direction locaux.

À la fin de la deuxième journée, une webconférence (conférence en ligne) est organisée avec tous les intervenants des différents pays d'Asie qui ont participé aux entretiens, soit une centaine de personnes, à qui l'on présente la vision cocréée afin de les inclure et de recueillir leur avis. Chacune était en ligne derrière son ordinateur ; les participants seront cependant regroupés lors d'une séance subséquente.

Des plans d'action spécifiques. Le lendemain du séminaire, Cécile Diversy, Zhang Xiangdong et Ellen Ruan animent avec Meryem Le Saget et David Sibbet une journée centrée sur la déclinaison de la vision en plans d'action spécifiques pour chaque pays. Les membres de l'équipe Bó Lè apprennent ainsi à réaliser des plans d'action globaux et spécifiques (*roadmaps*) sous forme visuelle, et réalisent ensemble une première ébauche du plan spécifique de la Chine. Ils auront ensuite à reproduire l'exercice chacun dans leur pays, en tenant compte des particularités des unités d'affaires de leur pays.

La validation de la démarche dans les pays. Chacun des membres de l'équipe Bó Lè a ensuite validé la vision commune et la première version du plan maître d'action auprès de son unité d'affaires. Une validation a également été effectuée par les dirigeants du comité de pilotage auprès des responsables des pôles rattachés aux grands secteurs d'activités (produits laitiers frais, eaux en bouteille, nutrition médicale, nutrition infantile). L'objectif était d'obtenir l'engagement des personnes qui auront à déployer les plans d'action dans les pays, soit les directeurs généraux et les responsables des ressources humaines, et de s'assurer aussi du soutien de leur hiérarchie ayant une responsabilité mondiale. Pour préciser ces plans d'action, chacune des équipes a consulté et mis à contribution ses propres unités d'affaires.

Chaque plan d'action spécifique fait donc l'objet d'une discussion et d'une validation concertée avec les directeurs généraux (GM). Chaque plan élaboré est envoyé par la suite à Diversy pour qu'elle le diffuse aux autres participants en prévision d'une deuxième séance publique qui aura lieu en juillet et prendra la forme d'une conférence en ligne hautement interactive.

La culture de collaboration valorisée par Danone est soutenue par de nombreux outils, dont les nouvelles technologies au service de la culture réseau, en privilégiant la rapidité, le partage des pratiques et la coopération transversale. La vidéoconférence allait donc être mise au service de cette démarche de partage de la vision collective lors d'une deuxième séance publique.

La deuxième séance publique. L'objectif poursuivi par cette séance de juillet 2010 est que tous les directeurs d'unités d'affaires valident la vision, les axes stratégiques, et partagent leurs plans d'action globaux et spécifiques. Meryem Le Saget propose à Cécile Diversy de réunir deux de ses partenaires pour réussir cette rencontre : Covision, pour son logiciel de partage d'idées en ligne et la maîtrise technique des réunions interactives à distance, et David Sibbet, qui avait déjà collaboré au séminaire de février, pour la transcription visuelle des échanges.

Les participants (responsables des unités d'affaires, DRH et membres de l'équipe Bó Lè) sont répartis en cinq lieux (Tokyo, Singapour, Shanghai, Kuala Lumpur, Jakarta) et reliés techniquement entre eux ainsi qu'à la plaque tournante (*hub* central) de Singapour. Dans le *hub* se tiennent les vice-présidents, leurs DRH, Cécile Diversy, Zhang Xiangdong, Ellen Ruan, Zahrah Zaid, Meryem Le Saget, le directeur technique de Covision, un responsable de l'informatique interne de Danone dédié à cette opération, les membres de la table de synthèse des productions en ligne et les équipes de support méthodologique et technique. Une liaison supplémentaire relie également au réseau, depuis San Francisco, David Sibbet, qui assure la prise de notes visuelles des échanges de la réunion, et Lenny Lind, fondateur de Covision, qui suit en ligne la production d'idées par les participants et les synthèses effectuées.

Le dispositif complet rassemble donc un système de vidéoconférence, un système de téléconférence en cas de défaillance du dispositif de vidéoconférence, un système de partage d'écran pour la diffusion des présentations PowerPoint ou de prises de notes visuelles dans chaque lieu, et enfin un système de saisie et de partage de contenus en ligne à partir d'ordinateurs mis à la disposition des participants dans chaque salle.

Chaque lieu dispose d'un responsable de l'informatique pour les aspects techniques et d'un facilitateur chargé d'animer les échanges et de faire remonter les commentaires du groupe aux questions posées. Les facilitateurs ont été principalement mobilisés parmi les équipes de ressources humaines (RH) locales ou celles du siège social et sont venus de Paris pour l'occasion. Chaque participant peut ainsi contribuer activement à l'enrichissement de la vision et des plans d'action, et faire des commentaires. Tout le monde voit en temps réel la synthèse des apports effectués par la communauté et peut apprécier l'alignement qui se crée rapidement sur les sujets majeurs. À partir des synthèses, les vice-présidents peuvent préciser leurs points de vue, intégrer les suggestions de leurs directeurs et bâtir des consensus forts.

Ce processus hautement interactif a l'avantage de permettre d'affronter les dilemmes dès qu'ils se présentent, de découvrir immédiatement ce qui n'est pas applicable dans certaines localités, de cerner les accords, d'aller plus loin dans les plans d'action et finalement d'obtenir publiquement les adhésions. Dans les échanges, les participants sont aussi exposés aux meilleures pratiques répertoriées à l'égard du recrutement, du développement et de la rétention des ressources stratégiques.

À la fin de la réunion de juillet, trois axes de travail émergent clairement autour de « attirer », « développer » et « retenir », qui devront faire l'objet de plans d'action spécifiques. Un groupe de travail est créé pour chacun, composé de volontaires parmi les participants du jour et parrainé par l'un des vice-présidents. Chaque groupe de travail a pour mission de concrétiser un des trois axes stratégiques. Son rôle est de trouver une cohérence entre les idées produites, de privilégier les actions ayant un fort impact et de suivre leur réalisation.

La troisième séance publique. Les trois groupes de travail se mettent en place et élaborent une analyse de la situation pour chacun des thèmes, puis bâtissent un plan d'action régional. En parallèle, les plans d'action spécifiques (*roadmaps*) continuent à être déployés dans les pays et éventuellement enrichissent la réflexion au sujet du plan d'action régional.

En mai 2011, une réunion plénière est organisée avec une cinquantaine de personnes (directeurs généraux, DRH, membres de l'équipe Bó Lè) à Singapour. Les plans d'action sont présentés, et chaque personne s'engage à leur mise en place. Des pratiques déjà mises en œuvre sont partagées dans le cadre d'un exercice rappelant la place de marché et où les personnes présentent leurs bonnes pratiques que d'autres peuvent « acheter » ou non. Enfin, une journée de réflexion est organisée sur le thème du mentorat (*mentoring*), qui permettra à chacun d'implanter cet élément du plan d'action immédiatement après son retour dans son unité d'affaires.

Sans révéler les détails de la vision et des plans d'action, voici certaines des actions qui ont été choisies pour attirer les talents : se concerter davantage avant d'approcher les différentes universités ; regrouper les stratégies de recrutement (par exemple, les publicités) ; faire valoir davantage la culture d'entreprise de Danone en s'assurant de rechercher des personnes qui sauront grandir au contact de la culture de Danone.

Certaines actions de développement des jeunes recrues visent à permettre à celles-ci de participer aux différents comités de direction au sein de l'entreprise et à expérimenter des affectations croisées à l'extérieur de leur branche d'affaires, de leur fonction et de leur zone géographique. Pour les cadres intermédiaires, un programme accéléré de développement de la compétence stratégique et du leadership est élaboré en collaboration avec la CEIBS (China Europe International Business School). Il est décidé avec le siège de Danone que ce programme sera le premier programme d'accélération du développement du leadership créé en Asie, avec l'objectif d'organiser par la suite un déploiement mondial.

Quant aux initiatives visant la rétention, citons des actions de *coaching* et de mentorat qui sont développées, pour lesquelles des formations sont élaborées et déployées de façon systématique. Une des phrases clés à cet effet, qui sera reprise abondamment dans les communications internes afin que le message soit clair et généralisé, est : « Le mentorat commence ici et maintenant » (*Mentoring starts now*), signifiant ainsi que le développement et la rétention des recrues est l'affaire de tous.

Une attention particulière a été portée également à la mise en place de façon accélérée de toutes les politiques et pratiques offertes par le Groupe qui n'étaient pas encore déployées dans cette région du monde. Notamment, l'accent a été mis sur la qualité du déploiement du Danone Leadership College, avec un accent mis sur le « E » de « CODE », *Empowering*, qui devient : « *Empowered to develop yourself, contribute to develop your colleagues and develop your team* ».

TABLEAU 3.1

Le processus participatif visant la définition d'une vision collective

Phase	Étapes
Préalables	- Définir les besoins et les grands enjeux (*business case*) - Obtenir le parrainage des principaux décideurs (opérationnels et fonctionnels) pour la mise en place d'une démarche participative de vision collective - Désigner les membres potentiels de l'équipe centrale et leurs rôles
1. Mise sur pied d'une équipe centrale	- Composer une équipe constituée de directeurs opérationnels et fonctionnels de même que de responsables des ressources humaines - Définir le but commun, les responsabilités et la méthodologie de la participation collective - Déterminer les thèmes à repérer : forces, faiblesses, image de l'entreprise, menaces, occasions, contributions actuelles et attendues, etc.
2. Entretiens : consultation auprès des diverses parties prenantes de l'entreprise selon la méthodologie prévue	- Recueillir les données sur différents thèmes ciblés auprès : • des parties prenantes internes, soit les directions, les utilisateurs, les influenceurs • des parties prenantes externes, telles que les fournisseurs, les clients, les communautés locales, les experts
3. Séminaire : mise en commun des résultats et élaboration préliminaire de la vision/ambition	- Analyser les données et les regrouper selon les grands thèmes - Préparer le séminaire de validation et de définition en grand groupe - Réaliser le séminaire en trois temps : I. Présentation des résultats II. Définition préliminaire de la vision, des axes stratégiques III. Validation auprès des personnes consultées
4. Validation auprès des comités de direction locaux	- Présentation par les membres de l'équipe Bó Lè à leurs comités de direction locaux pour validation et précisions
5. Définition des plans d'action spécifiques (*roadmaps*)	- Concrétiser par unité d'affaires et selon le contexte du pays les plans d'action spécifiques

Phase	Étapes
6. Consultation avec un groupe élargi pour la conception finale et la prise de décisions avec les directeurs généraux	- Mettre en commun les validations et les précisions de la vision et des axes stratégiques de même que les plans d'action spécifiques - S'engager dans la réalisation de la vision collective, des axes stratégiques et des spécificités locales - Constituer des groupes de travail (*workstreams*) sur les axes prioritaires d'action Note : Utiliser éventuellement les technologies de la communication afin de rassembler le plus de participants possible concernés par la vision collective et son implantation.
7. Implantation et suivi	- Implanter la vision collective, les priorités stratégiques - Faire un suivi des plans d'action et de la production des groupes de travail - Mesurer les résultats et améliorer l'action
8. À la fin de chaque année : évaluation des progrès	- Évaluer les résultats de l'année, mesurer les écarts - Corriger et adapter les plans d'action - Communiquer les réalisations et les succès

Près de 200 personnes ont participé à ce processus participatif visant la coconstruction de solutions et la responsabilisation dans l'action. Ces personnes se sont avérées des ambassadeurs efficaces auprès des autres dans l'organisation.

L'automne 2010 constitue officiellement le début du déploiement de la vision et des plans d'action.

Le suivi. Un suivi est fait un an plus tard, soit en novembre 2011, afin d'évaluer les résultats obtenus. Des questionnaires sont envoyés aux participants et des consultations ont lieu auprès des responsables des unités d'affaires et des vice-présidents. De plus, le sondage de satisfaction habituel fait auprès de l'ensemble du personnel de Danone à travers le monde comprend maintenant des sections portant spécifiquement sur les résultats visés par la démarche (attraction, développement et rétention) en Asie-Pacifique.

Il ressort de ce suivi une évaluation très positive, tant sur le plan quantitatif que sur le plan qualitatif. À la lumière des résultats, les parrains de la démarche concluent que l'implantation du plan d'action doit se poursuivre pour une deuxième année avec quelques améliorations et quelques efforts supplémentaires dans certaines régions. Mais dans l'ensemble, les indices de performance sur les trois axes stratégiques sont très élevés et, somme toute, très satisfaisants.

L'attraction. En ce qui touche à l'attraction, Danone est de plus en plus reconnue comme un employeur de choix, une entreprise responsable qui développe son personnel dans cette partie du monde. Les collaborations avec les universités se sont considérablement accrues. Conséquemment, il y a de nouveaux programmes de recrutement de jeunes diplômés universitaires. Le nombre de recrues a triplé en l'espace d'un an. Les résultats de l'enquête d'engagement réalisée par Danone tous les deux ans auprès de l'ensemble de son personnel indiquent que les salariés perçoivent des progrès significatifs concernant la capacité de Danone de recruter les bonnes personnes pour répondre à ses besoins futurs, bien qu'il y ait encore place à amélioration. Les résultats confirment donc la justesse et l'efficacité des stratégies convenues d'attraction, et révèlent que ces effets se sont manifestés rapidement.

Le développement. Les répondants se disent aussi très satisfaits de l'axe de développement des ressources, alors qu'ont été implantés avec succès les parcours de carrières transversales, c'est-à-dire entre différentes fonctions, différentes branches d'affaires et différents pays. Le nombre de nouvelles recrues formées a presque triplé en quelques mois ; le nombre de collaborateurs venant d'Asie, et volontaires pour des mutations dans d'autres régions d'Asie, s'est multiplié par trois ; le nombre de candidats développés en Asie mais à l'extérieur de leur pays d'origine a été multiplié par trois ; et le nombre de candidats développés à l'extérieur de l'Asie a été multiplié par sept. Il existe aussi des améliorations notables rapportées dans les efforts des supérieurs immédiats en matière de développement des personnes et dans la reconnaissance d'un accroissement des compétences. Des répondants consultés lors de l'enquête d'engagement et situés dans certaines régions d'Asie souhaiteraient cependant des progrès pour ce qui est des plans individuels de développement. Les affectations transversales (fonctions, pays, unités d'affaires) sont fortement appréciées.

La rétention. Sur l'axe de la rétention, les résultats obtenus par l'équipe de Cécile Diversy et ceux provenant du sondage d'engagement des employés font état d'un taux de roulement inférieur aux indices mesurés dans d'autres entreprises sur des marchés comparables bien que la rétention demeure un enjeu critique en Chine et que d'autres efforts doivent être faits de ce côté.

Les répondants consultés sur les conséquences du plan d'action soulignent l'engagement de tous derrière l'ambition collective, la pertinence de la vision et l'efficacité des plans d'action sur les trois axes stratégiques, et ce, même s'il existe encore des améliorations à apporter, dont le besoin de mieux communiquer les résultats des plans d'action sur les trois axes. Et ce qui ressort aussi très clairement du sondage, c'est l'engagement supérieur des répondants envers Danone Asie-Pacifique comparativement à d'autres régions du monde et comparativement aux années antérieures.

Le renforcement de la communication. À la fin de 2011, l'évaluation qui a été faite du programme Bó Lè met en évidence le besoin de communiquer plus largement au sujet des réalisations, et notamment de mieux faire connaître les succès. Raconter l'histoire de la démarche Bó Lè et en faire un programme phare réunissant sous un même « label » toutes les actions menées en matière de développement de carrière présentent un double avantage : cela permet de différencier Danone aux yeux de l'extérieur dans la zone Asie-Pacifique et de motiver les *Danoners* de cette région grâce aux occasions de développement qui leur sont offertes.

De nouveaux outils sont donc proposés en 2012 par la direction des ressources humaines de la zone Asie-Pacifique. Une brochure est réalisée à l'intention des universités, avec un titre qui résume l'état d'esprit Bó Lè : « *Design your career at Danone in Asia Pacific* », devenez l'architecte de votre propre carrière chez Danone en Asie-Pacifique. À l'interne, cette phrase est valable aussi bien pour sa carrière à soi que pour les équipes que l'on anime : dans ce cas, on a la responsabilité d'aider ses collaborateurs à se développer et à devenir les architectes de leur propre carrière.

Un carnet de bord (*The Bó Lè Journal*) comprenant une panoplie de ressources est mis à la disposition de chacun pour lui permettre de réfléchir à son évolution de carrière et d'en préparer les étapes : autodiagnostics, rappel des formations disponibles, conseils, parcours de *coaching* ou de mentorat.

En parallèle, un effort important est réalisé pour favoriser les échanges autour du programme Bó Lè et mettre les histoires de succès à la disposition de tous. Un concours est lancé pour trouver des ambassadeurs Bó Lè dans chacune des unités d'affaires. Leur rôle est d'encourager les personnes qui suivent des programmes de formation ou de développement (carrière, formation, *coaching*, etc.) à partager leur expérience sur le nouveau réseau social interne de Danone. Cet outil de communication en ligne permettant facilement les échanges entre communautés d'intérêts, une communauté *Bó Lè Alive* est créée à cet effet. Les ambassadeurs Bó Lè, choisis pour leur engagement et leur capacité de communication, joueront un rôle important dans l'animation de cette plateforme d'échanges. Le but est qu'à terme un véritable « esprit Bó Lè », vivant et dynamique, soit partagé et entretenu dans toute la zone Asie-Pacifique. Les personnes associeront le réseau *Bó Lè Alive* avec l'endroit où ils échangent des idées et trouvent toute l'information pertinente sur le développement de leur carrière et les possibilités offertes par la démarche Bó Lè.

Par ces moyens inédits, Danone compte renforcer dans la région son image d'employeur qui responsabilise et développe les personnes, et espère ainsi asseoir durablement sa réputation de *great place to grow.*

L'apport de la démarche participative

Selon l'expérience de Cécile Diversy, pour obtenir l'adhésion à une vision, il faut créer du sens, de la fierté et y associer du plaisir. C'est là la force d'un processus participatif de vision collective lorsque chacun contribue à la réussite de l'entreprise par l'apport de son intelligence. L'intelligence collective est du coup exponentielle en raison non seulement de la somme des contributions de chacun, mais aussi d'un enrichissement mutuel.

Une conséquence majeure de cette expérience participative de vision collective a été, selon elle, d'accroître considérablement l'engagement et le leadership de tous dans l'action. Grâce à une compréhension profonde des enjeux et aux efforts de cocréation des solutions, la démarche a fait en sorte que tous agissent dans une même direction. Par ailleurs, la démarche, intégrative, laisse une large place à la créativité locale dans le cadre de la vision élaborée, ce qui facilite encore son appropriation et la mise en œuvre effective et efficace des actions qui concourent à la concrétisation de la vision. Des actions cohérentes avec la vision sont menées sur le terrain, dès le début de la démarche. Au fur et à mesure de la structuration de la vision et jusqu'à sa finalisation, ces actions sont enrichies, tout comme la vision s'enrichit des plans d'action. Les résultats un an plus tard parlent d'eux-mêmes.

* * *

La démarche de vision collective a atteint trois types de résultats:

1) des améliorations significatives quant à l'attraction, au développement et à la rétention de ressources stratégiques;
2) un engagement des diverses parties prenantes de l'entreprise, soit les directeurs généraux, les cadres intermédiaires et les responsables des ressources humaines, quant au déploiement des plans d'action;
3) une appropriation par le personnel des unités d'affaires asiatiques des valeurs, des compétences et des façons de faire de Danone grâce à l'apprentissage par l'action.

Cette démarche de vision collective, premier axe du leadership partagé, a aussi permis aux participants de construire un réseau de collègues et d'experts, et de comprendre ainsi l'étendue des compétences collectives, l'envergure des aspirations communes et la force de l'ambition collective. Enfin, elle les a légitimés dans l'expression et la reconnaissance de leurs disparités régionales et culturelles tout en les amenant à s'approprier un peu plus la culture d'entreprise de Danone.

L'adhésion collective à la vision définie tout comme aux plans d'action rehausse grandement le sentiment collectif de pouvoir réussir ensemble et favorise le déploiement conséquent de tous ceux qui ont contribué à ces travaux de réflexion.

La démarche de vision collective, respectée et encouragée par la culture et la personnalité de Danone, a permis non seulement d'atteindre les résultats visés plus rapidement que n'importe quel autre programme de mobilisation, mais aussi d'augmenter la capacité des différentes unités d'affaires de travailler selon le leadership partagé. Qui plus est de le réaliser tout en ayant du plaisir à le faire.

En terminant, voici les propos qu'a tenus Franck Riboud en parlant de l'avenir de Danone qui résument l'état d'esprit régnant au sein de l'entreprise et qui favorise l'émergence du leadership de tout un chacun: « Que Danone reste ce qu'elle est, une entreprise où les gens ont du plaisir et de la passion, une grande liberté de tenter des choses nouvelles, et une extrême attention aux résultats. Sans ces résultats, en effet, nous n'aurions plus cette liberté pour essayer de mettre en pratique notre conception de l'entreprise. »

CHAPITRE 4

Leroy Merlin : une expérience d'ambition collective

> Cette entreprise internationale de distribution de produits pour la maison a réalisé un processus de vision partagée avec l'ensemble de ses 10 000 collaborateurs. Inspiré du credo de son principal actionnaire, qui est de partager le pouvoir, le savoir et l'avoir, Leroy Merlin a complété cette philosophie en inscrivant le partage du vouloir comme la première pierre de l'édifice de son leadership collectif. Les résultats ont été à ce point concluants qu'elle poursuit toujours cette démarche. Et pour cause, son chiffre d'affaires double tous les cinq ans ; elle connaît un très faible taux de roulement du personnel et les indices de satisfaction des salariés et de la clientèle sont élevés.

Découvrir Leroy Merlin, c'est plus qu'en apprendre sur une entreprise. C'est se familiariser avec une philosophie, des approches de gestion et un esprit entrepreneurial hors du commun qui réussissent en plus à créer de la valeur. Leroy Merlin, entreprise indépendante, appartient au Groupe ADEO dont l'actionnaire principal est la famille Mulliez. Quelques précisions s'imposent sur la philosophie que recouvre l'entrepreneuriat des Mulliez afin de comprendre le contexte dans lequel la démarche participative, que nous décrivons dans ce chapitre, va émerger.

Les débuts de l'entrepreneuriat de la famille Mulliez

La verve entrepreneuriale de la famille Mulliez remonte à Louis et Marguerite Mulliez-Lestienne qui, vers les années 1900, s'investissent dans le commerce de la laine avec des grossistes. Au moment où l'industrie textile est en pleine mutation, ils décident d'orienter leurs affaires vers la distribution commerciale directe et de réduire les coûts liés aux intermédiaires.

La culture familiale du commerce est transmise depuis à leurs descendants, dont l'un des plus illustres est Gérard Mulliez. Celui-ci, né en 1931, instaurera les franchises Phildar à partir de 1956, et sera en 1960 le fondateur d'Auchan. Auchan, très présente en France, est un leader dans le domaine des grandes surfaces alimentaires avec un chiffre d'affaires avoisinant les 42 milliards d'euros.

Visionnaire dans le domaine de la distribution, Gérard Mulliez le sera aussi sur le plan social.

En 1968, il introduit chez Auchan la participation des employés, puis en 1972, l'intéressement aux résultats grâce aux primes de progrès et, en 1977, l'actionnariat salarié. Pour le fondateur d'Auchan tout comme pour la famille Mulliez les valeurs au cœur de leur fonctionnement de gestion sont orchestrées autour du partage et du respect mutuel : partage du pouvoir par la prise de décisions participative, partage du savoir par la communication des informations et des connaissances de même que par les activités de formation, et partage des avoirs grâce à la participation aux profits et à l'actionnariat à hauteur de 15 %. Et bien que la mission première des quelques centaines de membres de la famille Mulliez, regroupés dans l'Association, soit la performance économique, ceux-ci s'engagent aussi à ce qu'eux-mêmes et les chefs de leurs entreprises exercent non seulement un rôle économique, mais un rôle social et sociétal. Les actionnaires de l'Association[1] sont collectivement propriétaires de l'ensemble de leurs entreprises, dont Leroy Merlin et Auchan.

Ce survol de la philosophie des Mulliez permet de comprendre les intentions économiques et sociales de ce grand groupe familial et de saisir l'appui qui a permis à Leroy Merlin de mettre en œuvre une vision partagée.

1. Louis Mulliez-Lestienne, père de Gérard Mulliez-Cavrois, avait conçu en 1931 l'idée d'une association familiale dans le but de maintenir et de développer le patrimoine familial et d'instaurer un système égalitaire pour ses héritiers et descendants. Cette idée sera reprise et développée par ses enfants en 1955.

Une vision collective

Leroy Merlin est une entreprise spécialisée dans les produits et les services rattachés à la construction, à la rénovation et à la décoration de l'habitat. Elle a un réseau de plus de 310 magasins à grande surface, répartis dans plus d'une douzaine de pays. Plus de 60 000 collaborateurs sont au service de la mission commune, qui est d'améliorer l'habitat et le cadre de vie partout dans le monde.

Lorsqu'Édith Luc est allée rencontrer les principaux dirigeants de cette entreprise en France, elle a d'abord visité quelques-uns de ses magasins, afin de se représenter, tel un observateur sur le terrain, non seulement la nature de ses commerces, mais l'environnement humain de travail. Ce qui étonne d'emblée, c'est le nombre assez important de conseillers de vente disponibles et accueillants pour une habituée aux grandes surfaces nord-américaines où le client est souvent laissé à lui-même. Les magasins sont aussi assez différents les uns des autres quant à la façon de disposer les produits et à l'organisation physique des différents rayons. Cette variabilité s'inscrit dans le désir de Leroy Merlin d'offrir un cadre large d'autonomie à chacun des magasins de sa bannière tout en respectant les fondamentaux de l'enseigne.

Le Groupe ADEO, dont l'entreprise Leroy Merlin est une des principales composantes, regroupe sept autres enseignes commerciales[2], toutes dédiées à l'habitat, et ce, dans plus de 12 pays, situés en Europe, en Amérique du Sud et en Asie. Le Groupe ADEO, quatrième groupe mondial de vente de biens de consommation pour la rénovation et le bricolage, comprend plus de 66 000 salariés et avait un chiffre d'affaires en 2011 dépassant 13,7 milliards d'euros. Son but avoué : rendre le cadre de vie de chaque client toujours plus beau, plus confortable et plus sûr.

Pour bien comprendre le processus de vision partagée entrepris par Leroy Merlin, tel que décrit plus loin, Meryem Le Saget et Édith Luc ont rencontré les principaux leaders de la démarche, soit Damien Deleplanque, directeur général du Groupe ADEO, Régis Degelcke, directeur général délégué et président de Leroy Merlin au Brésil et en Italie, de même que Philippe Zimmerman, directeur général de Leroy Merlin France. Elles ont aussi eu des entretiens avec des membres du personnel, dont des

2. Ces autres entreprises sont Bricoman, Aki, Weldom, Bricocenter, Kbane, Zodio et DomPro.

personnes des services informatiques, des formateurs et des conseillers de vente.

Le contexte

Initialement appelé Au Stock américain, Leroy Merlin est fondée en 1923 par un couple d'entrepreneurs, Adolphe Leroy et son épouse, Rose Merlin, qui proposent aux acheteurs les surplus américains laissés en France après la Première Guerre mondiale. Le nom est changé en 1960 pour Leroy Merlin. En 1980, l'entreprise est reprise par l'Association familiale Mulliez. Essentiellement française au début, Leroy Merlin commence à s'internationaliser dès 1989. Depuis, elle a ouvert des magasins dans plus d'une douzaine de pays en Europe et à travers le monde. La moitié de son activité se réalise en dehors de la France. Enfin, la croissance annuelle du Groupe est de l'ordre de 11 %.

Le directeur général du Groupe ADEO, Damien Deleplanque, est un pur produit Leroy Merlin, puisqu'il a été, à ses débuts professionnels, manutentionnaire, conseiller de vente, puis directeur de magasin, créateur de la filiale Leroy Merlin Espagne, avant de devenir en 1992 responsable de la bannière Leroy Merlin en France et à l'international, puis d'accéder au poste de directeur général du Groupe, avant de devenir membre du comité exécutif, en 2009.

Du comité de direction à une vision partagée

En 1992, alors qu'il est tout jeune directeur général, Damien Deleplanque vient de terminer avec son comité de direction de Leroy Merlin une démarche de vision et de planification stratégiques qui le laisse sur sa faim. Ayant gravi les échelons de l'entreprise, il avait constaté que toutes les personnes faisant partie de Leroy Merlin, qu'elles soient manutentionnaires, conseillers de vente ou chefs de secteurs, désirent réussir, qu'elles ont un bagage sous-utilisé de savoirs, de savoir-faire et de savoir-être. La vision qu'il vient de définir avec son comité exécutif lui semble donc incomplète, faite en vase clos et éloignée du reste de l'organisation. Il lui faut, pense-t-il, trouver une façon d'utiliser tout ce potentiel disponible et amener tout le monde à travailler ensemble dans la même direction.

En octobre 1993, Régis Degelcke, directeur financier, propose à Damien Deleplanque de se rendre avec lui à un séminaire de dirigeants sur la vision collective animé par Michael Doyle[3] et Meryem Le Saget à Paris. C'est là que Deleplanque saisit le potentiel des approches de vision partagée et constate que cela répond parfaitement à son interrogation. Il décide d'aller de l'avant. Convaincu des retombées possibles, à la fois humaines et financières, d'une telle démarche, il choisit de faire participer la totalité des collaborateurs de son entreprise, c'est-à-dire 7 000 personnes. Mais avant de décrire le chemin parcouru par Leroy Merlin depuis cette rencontre, voici un aperçu du concept de vision collective, encore nouveau pour beaucoup d'organisations.

La vision collective : définition et principales étapes

Une vision est une idée d'un avenir réalisable que se représente une personne, un groupe, une organisation ou même une société. Habituellement, la vision est le propre d'un individu, d'un « visionnaire », qui tentera de mobiliser les autres autour de son idéal. Mais de nos jours, mobiliser les personnes derrière la vision d'un leader-héros devient de plus en plus difficile à réaliser parce qu'il est de plus en plus ardu de convaincre les individus pour toutes sortes de raisons : esprit critique à l'égard même de la vision, repli sur soi, compétition avec le leader, perte des repères collectifs, perte de sens, défaitisme, et bien d'autres.

Pour être efficace, une vision doit être l'expression non pas d'une seule personne, mais de tout un groupe, d'une communauté[4]. Les meilleures visions ne peuvent plus être le fruit uniquement des cogitations ou de l'inspiration du dirigeant, même si l'impulsion initiale est donnée par le dirigeant. Une vision efficace n'est pas une « belle vision » dont on est fier parce qu'elle est glorieuse ; elle se doit d'être l'expression du rêve d'une communauté et non du projet personnel du dirigeant.

Michael Doyle, avec qui Meryem Le Saget travaillait depuis plusieurs années sur les concepts et les méthodes de vision partagée, était un expert

3. Michael Doyle (1942-2007), auteur américain et architecte social, était un consultant international en vision stratégique et gestion du changement, auteur du best-seller *How to Make Meetings Work* (1979).

4. J.L. Galizia (2002), *Le management adapté à la démarche qualité en établissement de soins*, Marseille, Éditions Suez S.A., p. 10. Voir aussi J. Collins et J. Porras (1994), *Bâties pour durer, les entreprises visionnaires ont-elles un secret ?*, Paris, First, 1996.

TABLEAU 4.1

Typologie des visions selon le degré de participation (inspirée de Le Saget)

Type	Description
Vision lancée par le dirigeant	Le dirigeant définit sa propre vision de l'avenir souhaité de l'entreprise et mobilise ses collaborateurs immédiats autour de cette vision. Un programme de changement suit les directives de la hiérarchie. L'effort du dirigeant consiste par la suite à inspirer les troupes à adhérer à sa vision personnelle.
Vision lancée par le dirigeant avec la participation de son comité de direction	Le dirigeant et son équipe rapprochée définissent ensemble leur propre vision de l'avenir souhaité de l'entreprise. Le programme de changement suit les directives du comité de direction et mobilise les collaborateurs autour de cette vision. L'effort du comité de direction consiste à faire adhérer le reste de l'organisation à la vision et de déployer le plan de changement ou de transformation.
Réflexion non directive amorcée par le dirigeant avec son comité de direction	Le dirigeant amorce la démarche avec une certaine idée de l'avenir, mais cette idée n'est ni complète ni imposée. Les membres de son équipe de direction et leurs proches collaborateurs participent à la définition conjointe de la vision. Il existe une influence multilatérale, car le dirigeant n'est plus le seul à créer la vision, mais cette influence demeure réduite à un certain cercle.
Vision collective partielle	La cocréation de la vision se développe de façon très dynamique jusqu'au plan d'action. Le dirigeant n'influence pas de façon verticale la définition de la vision, même à l'état embryonnaire. Les collaborateurs dans la démarche incluent les parties prenantes, mais à l'intérieur de l'entreprise ou d'un certain cercle. L'influence est multilatérale mais ne se généralise pas à tous les rayons.
Vision collective complète	La participation à la création de la vision est réalisée avec l'ensemble des parties prenantes internes et externes de l'organisation. L'influence est multilatérale et fluide, dynamique et réciproque, et se définit de façon itérative. La «vision collective profonde» est la méthode la plus aboutie de cette catégorie.

de la vision collective profonde (*deep visioning*), une méthode qu'il avait élaborée pour définir des visions collectives profondes, axées sur l'avenir rêvé. Selon la typologie des visions de Le Saget (1992), ce type de vision est la version la plus aboutie des méthodes de vision collective complète (voir le tableau 4.1).

Plus la vision est partagée par l'ensemble, plus la force collective est amplifiée. Et pour que la vision devienne vraiment collective, la représentation de l'avenir doit être construite par le plus grand nombre. Cela suppose que les membres du groupe ont réfléchi et travaillé ensemble sur cet avenir qu'ils veulent créer en prenant en compte diverses variables. Suffisamment détaillée, la vision collective permettra à chacun de saisir sa contribution et de s'y engager pleinement chaque jour. C'est ce qu'ont réalisé les collaborateurs de Leroy Merlin grâce à l'initiative de Damien Deleplanque entouré de son comité de direction. La démarche de *visioning* qu'il va mettre en œuvre avec les conseillers Doyle et Le Saget pourra l'assurer d'une adhésion collective à une vision véritablement partagée (voir la figure 4.1).

Le visioning. Ce processus de création d'une vision collective est une démarche de recherche et de réflexion entre les diverses parties prenantes. Selon Michael Doyle, le *visioning* est un profond voyage à l'intérieur de l'âme d'une organisation. Il permet de révéler le rêve d'une communauté de travail et de l'exprimer sous la forme d'un avenir idéal, désirable pour tous et assez détaillé pour que chacun voit tout de suite comment il peut contribuer concrètement chaque jour à sa réalisation[5].

L'effet du processus de *visioning* est, pour cet architecte social, tout aussi important que la vision elle-même, car la démarche transforme en profondeur la manière dont une entreprise se voit, travaille et construit son avenir. Il ajoute que le processus fait évoluer l'entreprise au-delà du leadership charismatique et du mythe du patron-héros. Deleplanque soulignera en entrevue que le processus est même plus important que la vision elle-même, car il permet l'inclusion, l'engagement et l'adhésion à la vision.

La vision collective est donc le produit du travail de plusieurs et le dirigeant est la personne qui doit se charger de veiller à la large communication de cette vision et à sa traduction en actions.

Les principales étapes

La démarche proposée par Michael Doyle et Meryem Le Saget pour réaliser une vision partagée est un processus collectif où les acteurs princi-

5. M. Le Saget (1992, 2006, 3e édition 2013), *Le manager intuitif, une nouvelle force*, Paris, Dunod, chap. « Construire une vision inspiratrice ».

FIGURE 4.1
La démarche de vision partagée

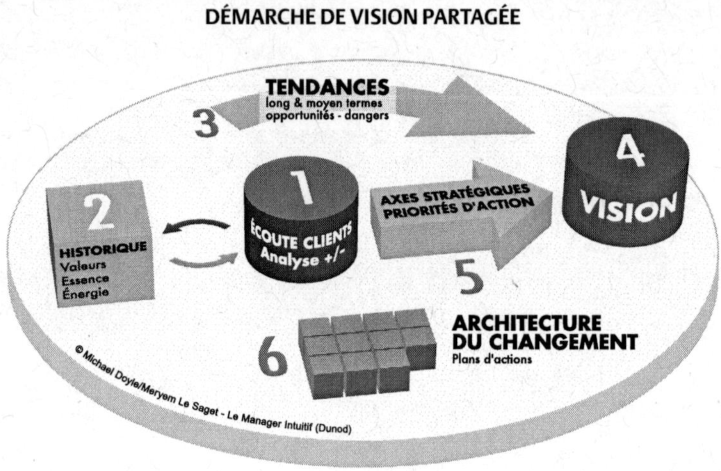

paux sont les membres de l'organisation, à tous les niveaux. Ce sont donc les collaborateurs eux-mêmes qui participent à ces différentes phases, dialoguant avec des représentants des diverses parties prenantes, tels que des fournisseurs, des clients, des membres des collectivités locales. Le type de personnes sollicitées varie selon le contexte.

Les principales étapes sont illustrées dans la figure ci-dessus et décrites par la suite[6]. Les six étapes sont précédées d'une phase de préparation.

La préparation. La préparation par le dirigeant et son équipe rapprochée concerne la décision d'utiliser un processus participatif de vision. Cette préparation exige d'examiner les avantages, les défis, les conditions de succès et les efforts à déployer de même que les étapes à prévoir. À ce stade, l'équipe assistée par un conseiller décide jusqu'où elle ira dans ce processus participatif : quels objectifs, quelle méthode, qui sera invité, de quelle manière, quand et pourquoi ? L'adhésion de l'équipe à ces décisions est un facteur critique du succès subséquent, tous les membres devenant les ambassadeurs auprès des autres dans l'organisation. Les parrains

6. *Ibid.*

devront notamment manifester leur souhait véritable d'être influencés par ce qui émergera du processus. Une fois la décision prise, les étapes suivantes sont mises en place.

Première étape : le bilan collectif. Un bilan collectif est fait de la situation actuelle, soit lors d'une cascade de petits groupes, soit en grand groupe, tout dépendant de la méthodologie et du nombre prévu de personnes invitées à participer. Ce bilan collectif concerne les enjeux de l'entreprise tels que les besoins, les forces et les faiblesses, les ressources, les capacités, les limites, les occasions de même que les stratégies de la concurrence. Cette étape consiste aussi à partager les données sur les clients, leurs besoins et leurs attentes. Les participants peuvent consolider les informations déjà existantes comme les enquêtes clients, mais aussi aller rencontrer directement des clients.

Deuxième étape : l'analyse de l'historique et de la culture de l'entreprise. Les participants aux groupes de travail ont la tâche de comprendre ensemble la culture de l'entreprise dans son évolution, ses rituels, ses paradigmes, ses valeurs, ses croyances et ses normes. Cette phase permet aux participants de réaliser la dimension culturelle de leur univers et de provoquer une prise de conscience qu'aucun programme de formation ne peut réussir à faire avec autant d'efficacité en aussi peu de temps.

Troisième étape : les tendances. Cette étape est celle de l'analyse de l'environnement futur et des tendances. Elle consiste à réfléchir à l'avenir en recherchant et en mettant en commun les informations sur les tendances, les occasions et les risques. Cette analyse des tendances peut se faire en examinant les meilleures pratiques adoptées ailleurs ; en recueillant les opinions d'experts sur les tendances économiques, sociales ou technologiques ; en consultant les fournisseurs et toute autre partie prenante ; puis en consolidant ensemble les résultats de ces analyses.

Quatrième étape : la vision. Il s'agit ici de rêver l'entreprise à long terme. L'exercice consiste à amener le groupe à s'imaginer l'avenir comme s'il y était déjà, puis à imaginer à rebours le chemin à faire, de l'avenir jusqu'à la réalité d'aujourd'hui[7], une vision étant un avenir idéalisé mais

7. C'est ce qu'a fait Steve Jobs lorsqu'il a imaginé que tous les foyers auraient leur propre ordinateur portable et que celui-ci serait même un objet ludique. Ou encore lorsqu'il a imaginé un appareil (iPod) qui allait répondre aux besoins d'acheter, de partager, de gérer, de jouer et d'archiver la musique. Puis, imaginant que d'autres dans l'avenir allaient intégrer ce système dans les téléphones por-

réalisable. Les valeurs à la base de cette vision sont aussi dégagées. Les étapes précédentes facilitent la définition de la vision.

Cinquième étape: les axes stratégiques et les priorités d'action. Cette étape consiste à définir les axes stratégiques et les chantiers prioritaires pour réaliser la vision. On définit alors des objectifs avec un horizon plus rapproché que la vision de même que les premiers plans d'action. Afin d'avoir la meilleure pertinence, cette réflexion peut se réaliser de différentes façons: par ateliers, par consultations itératives, par services ou divisions ou en grand groupe.

Sixième étape: l'architecture du changement. La conception plus fine des plans d'action et de leur déploiement suit les étapes précédentes. L'architecture peut être détaillée, tout comme elle peut être représentée visuellement sous forme d'un schéma facile à comprendre par tous et être ainsi partagée plus rapidement en grand groupe.

L'implantation

L'entreprise Leroy Merlin est, en 1993, essentiellement française mis à part quelques magasins en Espagne. Il est clair à ce moment-là que Leroy Merlin envisage de s'internationaliser, qu'elle doit devenir de plus en plus prospère grâce à l'innovation et à un excellent service à la clientèle. Elle est aussi deuxième sur son marché, après Castorama.

Leroy Merlin n'en est pas à son premier essai de méthode participative de grande envergure. En effet, lorsque l'entreprise avait rejoint les entreprises de la famille Mulliez, un grand projet d'entreprise avait été engagé, afin de rassembler les salariés autour de valeurs communes et d'une même conception du métier. Plus de 3 000 collaborateurs avaient ainsi participé à l'expression d'un projet commun, écrit autour de trois mots fédérateurs: client, équipe, professionnalisme. Ce projet avait eu un effet profond sur les personnes et avait posé les bases de ce qui allait devenir l'ADN de l'entreprise.

Au début des années 1990, Leroy Merlin avait aussi mis sur pied des voyages en Californie pour tous ses directeurs de magasins et responsables de fonctions, sous l'impulsion de son directeur général d'alors, Christophe

tables, il a décidé de le faire lui-même, en se cannibalisant et en créant le iPhone. Voir W. Isaacson (2012), « The real leadership lessons of Steve Jobs », *Harvard Business Review*, avril, p. 93-101.

Dubrule. En quelques années, par groupes de 20 personnes, plus de 200 responsables sont ainsi allés explorer pendant une semaine les tendances de la distribution et découvrir les meilleures pratiques du service client. Avec le succès de ces missions d'études dans la Silicon Valley, le goût du métier et le désir de mettre le client au centre de leurs actions étaient devenus encore davantage présents dans les façons de penser des responsables.

Première phase : l'adhésion de l'équipe de direction

La vision que Damien Deleplanque souhaite lancer vise à définir l'avenir de l'entreprise sur un horizon de 10 ans, soit 1995-2005. Mais il ne s'agit pas d'appuyer la démarche du bout des lèvres, il faut obtenir l'engagement réel et sincère de l'équipe de direction élargie, composée de 18 personnes[8]. C'est la première phase de cette démarche. Pendant un an, le comité de direction se réunit à trois ou quatre reprises en séances de travail intensives afin de bien saisir l'ampleur de ce qui sera demandé et de resserrer la cohésion de l'équipe derrière cette initiative majeure et inédite.

Lors de ces séances de travail avec Michael Doyle et Meryem Le Saget, les membres du comité de direction élargi discutent des enjeux, analysent en profondeur l'entreprise et doivent parfois justifier leurs modèles mentaux, dont celui de se satisfaire d'être un très bon numéro deux, après Castorama, ou celui concernant la superficie type de leurs magasins. À l'époque, Leroy Merlin est « mono-concept », et un seul type de services (rénovation et bricolage) est offert sur un seul type de superficie : la grande surface. Ces remises en question porteront leurs fruits. Pour approfondir l'analyse, Doyle suggère d'aller à la rencontre des clients, et de les rencontrer chez eux. Damien Deleplanque, convaincu de la puissance de l'écoute du client, adopte immédiatement l'idée. Ces rencontres, à deux ou trois personnes, deviennent des moments forts qui bouleversent les façons de penser relatives aux clients.

Malgré ces expériences marquantes, après plusieurs mois, il y a encore une résistance de la part de certains, qui craignent que la démarche soit longue et ardue, coûteuse et sans l'assurance d'un rendement des investis-

8. Les 18 membres de ce comité de direction élargi sont les directeurs des grandes fonctions de l'entreprise, les directeurs Espagne, Italie et Pologne ainsi que les directeurs régionaux France.

sements exigé de part et d'autre. Et puis, il y a cette conception que la direction d'une entreprise doit définir la vision et qu'elle rassemble sans doute parmi ses membres les meilleures expertises pour bâtir une vision stratégique. Mais Deleplanque souhaite obtenir une véritable cohésion derrière lui. Il est convaincu avec d'autres, dont Régis Degelcke, que la force collective est directement proportionnelle à la « libération des énergies » et à la mise en commun des intelligences autour d'une vision. Il croit aussi fondamentalement que les meilleures idées viennent du terrain, des personnes qui sont tous les jours à l'écoute des clients et qui comprennent leurs besoins.

Et, ajoute-t-il au cours de notre entretien, développer une vision partagée est un grand moment d'apprentissage pour tout le monde.

Deuxième phase : la participation du palier hiérarchique suivant

Après plusieurs mois de travail, le comité de direction ayant expérimenté lui-même les premières étapes de la vision, c'est le moment pour Damien Deleplanque d'étendre la démarche aux 200 principaux responsables de l'entreprise : les directeurs de magasins, les équipes régionales, les chefs de produits et les responsables de fonctions, en fait les personnes rattachées directement aux 18 principaux membres du comité de direction élargi.

De cette première session de « vision sur 10 ans » réunissant plus de 200 collaborateurs se dégage une énergie incroyable. Pendant deux jours, les participants échangent des idées en profondeur, font le bilan de l'entreprise, analysent les perceptions des clients, partagent leur compréhension des tendances de l'avenir et « rêvent » l'avenir de leur entreprise dans 10 ans. Plus de 6 000 idées émergent de cette première session[9].

Un essai pilote dans une région et un magasin

La suite de la démarche que Damien Deleplanque envisage se situe sur une base volontaire, à l'initiative du directeur d'un magasin ou du responsable d'une fonction, avec le but de consolider progressivement les résultats en une grande vision collective.

Damien Deleplanque doit cependant se rendre à l'évidence : l'appui de son comité de direction n'est pas encore total et ne le sera pas sans une

9. Ces idées sont comptabilisées et synthétisées par une équipe support.

démonstration concrète. À la fin de la réunion de vision de deux jours, il prend le pari de solliciter des volontaires pour tenter l'expérience. Deux personnes relèvent le défi : Jean-Marie d'Aubigny, directeur de la région Sud-Ouest, et Jean-Charles Bernard, directeur du magasin de La Rochelle, un magasin rattaché à cette région.

Jean-Marie d'Aubigny est donc le premier à se lancer dans l'aventure, soutenu par son comité de direction régionale et les directeurs de magasins de sa région qui avaient participé au processus de définition de la vision. Il invite tous les membres des comités de direction des magasins de sa région et des représentants de toutes les fonctions de l'entreprise à une session de deux jours. Cette réunion portant sur la vision est un succès, et d'autres régions prendront rapidement le relais, en commençant par les trois zones de la région parisienne, qui se regroupent quelques mois plus tard pour établir leur vision.

Puis c'est au tour de Jean-Charles Bernard, le directeur du magasin de Leroy Merlin à La Rochelle, d'expérimenter la démarche en invitant tout son personnel à participer au processus de définition de la vision au cours d'une session de deux jours organisée en dehors du magasin. Les séances de travail touchent les thèmes suivants : « Comment, d'ici 10 ans, améliorer notre fonctionnement ? Quelles sont les menaces et les occasions auxquelles nous devons nous préparer ? Comment imaginer l'offre idéale de produits et de services de l'avenir ? »

Philippe Zimmermann, alors chef de secteur dans le magasin de La Rochelle, et aujourd'hui directeur général de Leroy Merlin France, se souvient très bien de l'extraordinaire mobilisation que cette vision du magasin avait générée. Il fallait notamment trouver des équipes d'autres magasins pour venir remplacer à leur poste ceux qui allaient s'absenter. Les participants avaient été étonnés qu'on leur fasse confiance au point de leur demander leur avis sur l'avenir de l'entreprise et les changements à effectuer. Ils avaient apprécié le fait de pouvoir s'exprimer librement et de voir que chaque contribution était prise en compte. Cette dynamique d'une vision partagée et remontant du bas vers le haut avait créé un formidable enthousiasme et produit beaucoup d'idées.

Philippe Zimmermann souligne la richesse des apprentissages réalisés alors. Ils serviront de guides pour les autres magasins :

- La prise de parole du personnel dans les divers forums prévus (bilan, analyse de la culture, tendances, etc.) sera souvent une première et, pour cette raison, tous doivent se donner le temps et les conditions nécessaires à son expression.

- La hiérarchie du magasin qui s'investit dans la démarche doit dire la vérité et être ouverte à la vérité, sans se sentir menacée et sans faire de menaces.
- Ce sont les raisonnements qui doivent être discutés, et non les personnes qui les présentent.
- La direction du magasin doit bien se préparer à cet exercice, connaître et comprendre son environnement, maîtriser le plus possible les données quantitatives (par exemple, les états financiers, les ventes) et qualitatives (par exemple, les indices de satisfaction).
- Il est important de demeurer concret : avancer des problèmes concrets, des solutions concrètes.
- Des actions facilement gagnantes doivent être implantées dès les premiers jours qui suivent la session de vision. Les premières victoires, mêmes modestes, ne peuvent qu'engendrer une spirale de succès née du renforcement de la confiance.

Avec l'engagement de la région Sud-Ouest et celle du magasin de La Rochelle, Damien Deleplanque a rendu le mouvement irréversible. La démarche va pouvoir se déployer.

Troisième phase : la participation de 10 000 personnes

À partir d'octobre 1995, toutes les régions vont faire leur session de vision et un magasin se porte volontaire dans chaque région pour lancer les visions magasins. Le processus s'étendra sur une grande échelle (plus de 70 magasins). Les services fonctionnels se lancent aussi dans la démarche, en commençant par la centrale d'achat. Un journal interne, *Leaders*, est lancé pour assurer la communication sur les avancées de vision et faire connaître les initiatives innovantes des magasins.

Au bout de quelques années, la synthèse des résultats des multiples séances de travail prend la forme d'une affiche vision sur 10 ans qui illustre l'ambition collective, avec comme titre « Avec vision, nos envies prennent vie ». Notre métier : « Aider chacun de nos clients à rêver sa maison et à la réaliser ».

Trois orientations majeures sont affirmées:

1. L'homme est au cœur de l'entreprise.
2. Nous sommes la référence mondiale de la satisfaction client.
3. Nous sommes une entreprise mondiale et prospère.

La présentation de cette affiche se fera devant 1 500 personnes. La communication autour de l'événement souligne le caractère exceptionnel de la démarche engagée. C'est un grand jour, car chacun, chaque magasin, chaque fonction se sent inclus dans cette grande vision collective.

Le message de Damien Deleplanque est clair: «Vous êtes, dans les magasins, les plus compétents pour prendre les décisions, pour répondre aux besoins et aux attentes des clients. Nous, à la direction, nous sommes au plus mauvais endroit.» Et à l'intention des conseillers de vente, il renforce son message en leur disant: «Devant le client, c'est vous le directeur général, vous avez carte blanche pour satisfaire votre client.»

La démarche continue à se déployer. Au bout de quelques années, 10 000 collaborateurs ont participé à des sessions de vision, interviewé des habitants, rêvé l'avenir sur 10 ans et construit des plans d'action. La version finale de l'affiche résultant de cette cocréation est réalisée en 1998. Elle est le fruit de la contribution de 12 000 collaborateurs.

L'approfondissement de la démarche: «Vision accélération»

Lorsque Damien Deleplanque devient directeur général du Groupe ADEO, il nomme Régis Degelcke au poste de directeur général de Leroy Merlin France en lui donnant comme mission de faire vivre la démarche vision. Degelcke, fortement convaincu depuis le début, va s'attacher à renforcer la démarche et à lui donner encore plus de puissance. En 2004, la vision sur 10 ans de Leroy Merlin (1995-2005) a produit des résultats significatifs sur les axes clés: la satisfaction clients, l'entrepreneuriat au cœur de l'entreprise, la rentabilité ainsi que le virage de l'internationalisation.

Régis Degelcke organise avec son comité de direction une réunion de deux jours avec Michael Doyle et Meryem Le Saget pour réfléchir à la suite de la démarche. Doyle suggère d'approfondir encore la démarche de vision, comme lorsque l'on change de vitesse au volant d'une voiture pour aller plus vite et plus loin. C'est décidé, le prochain cycle de vision sur 10 ans, 2005-2015, s'appellera «Vision accélération». Lors de notre entretien, Régis Degelcke a précisé ce qui l'animait en choisissant ce nom : « Notre vision est la bonne, on n'en change pas ; on la continue et on l'approfondit, on lui donne encore plus de puissance. »

Il ne s'agit pas de réussir dans chaque magasin un « événement » de vision, mais d'animer avec les équipes un voyage de transformation. Damien Deleplanque et Régis Degelcke le répètent souvent : la session de deux jours de vision n'est pas une fin en soi, elle s'inscrit dans une démarche plus complète : avant – pendant – après. Avec Vision accélération (2005-2015), les enrichissements apportés à la démarche seront nombreux.

Le comité de direction France commence pour cette deuxième phase de bilan à faire une synthèse des résultats de visions dans tous les magasins. Les membres du comité de direction accompagnent des collaborateurs pour aller rencontrer des clients-habitants dans leur environnement afin de les écouter, de comprendre leurs besoins, leurs ressources et la place qu'occupe Leroy Merlin dans leurs projets de construction, de rénovation ou de décoration. Ces rencontres, faites en petits groupes, deviennent des moments forts qui bouleversent les modèles mentaux relatifs aux clients : les personnes se rendent compte, par exemple, que le budget moyen et que les projets de rénovation sont généralement de petite envergure. Enfin, les clients ne raisonnent pas en termes de produits, mais bien en termes de projets.

L'écoute sur le terrain ne s'arrête pas aux clients : les directeurs de magasins et les chefs de secteurs rencontrent aussi des architectes, des urbanistes, des entreprises, des fournisseurs, des élus, bref, tout l'écosystème qui entoure le magasin. L'expérience est tellement riche que chaque salarié, qu'il soit affecté à la vente, à la logistique ou aux services fonctionnels, ira rencontrer des clients au début de chaque vision magasin. Les « visites habitants » deviennent une pratique généralisée.

À la fin de chaque session de vision de deux jours, le comité de direction du magasin ou des services fonctionnels s'engage dans des actions. Une vision engendre une telle motivation qu'il est important qu'elle soit suivie d'actions. Des succès rapides, visibles par tous, sont donc déterminants dans les mois subséquents.

Enfin, à l'occasion de l'ouverture de nouveaux magasins ou de la rénovation de magasins existants, les innovations imaginées dans les sessions de vision sont mises en place. Des « magasins vision » voient ainsi le jour régulièrement, donnant corps aux améliorations du concept.

L'ensemble du système est très cohérent : le directeur de magasin a dans ses objectifs de faire réussir la vision et d'assurer la mise en œuvre des plans d'action, et le comité de direction France suit de près les avancées réalisées grâce à la démarche vision. Il n'y a pas d'un côté la vision et de l'autre le plan stratégique ; la vision devient l'outil de référence pour piloter les valeurs et les priorités communes.

Ont participé à cette Vision accélération, et tel qu'inscrit sur l'affiche synthèse : 30 000 habitants, 50 fournisseurs, 100 entreprises, 150 élus, 150 professionnels de l'habitat (architectes, urbanistes, etc.) et 16 000 collaborateurs « qui construisent ensemble leur Vision Partagée » ! Les valeurs suivantes ont été définies par l'ensemble des intervenants : proximité, écoute, respect, humilité, autonomie, confiance, ouverture, générosité, exemplarité, transparence, engagement, pragmatisme.

Cette Vision accélération (2005-2015) approfondit les intentions stratégiques définies lors de la vision 1995-2005 et les complète en insistant sur le volet de l'entrepreneuriat, sur la création de valeur et sur l'engagement de chacun dans son quartier en tant que citoyen du monde.

Accélération innovation

Alors que la Vision accélération est en cours, Philippe Zimmermann, devenu directeur général France, sent que la crise économique de 2008 n'est pas passagère, et qu'au lieu de sombrer dans les comportements défensifs il importe plus que jamais d'entretenir la motivation et d'aller de l'avant. Dans une économie morose, l'avenir dépend beaucoup des actions de chacun pour toujours mieux satisfaire le client : *Demain, c'est nous!* devient le slogan de cette initiative, dont le but est de passer plus vite et plus puissamment de la vision à l'action, dans un monde en mutation. Loin de réduire son ambition, Philippe Zimmermann décide avec son comité de direction d'encourager les équipes à innover ensemble, au-delà de leurs propres territoires, dans un véritable esprit de collaboration.

Des voyages d'« ouverture innovation » sont lancés et s'intitulent « Innover pour inventer demain ». Les personnes sont responsabilisées pour s'autoorganiser par groupes de 15 à 20 personnes afin d'aller recueillir à l'extérieur toutes les idées innovantes possibles. Elles reviennent enthousiasmées et riches de milliers d'idées sur le métier, le commerce de l'avenir, les meilleures pratiques de relation client, l'usage des réseaux sociaux, le développement durable, l'animation des équipes, etc. Elles ont compris que le monde change radicalement, que le métier du commerce se transforme à travers tous les canaux de relations avec les clients, que partout le management s'engage vers une plus grande collaboration... et que Leroy Merlin peut certainement faire mieux sous bien des aspects. Et, surtout, émerge clairement des groupes une profonde envie de s'emparer de l'avenir, d'en être résolument acteur et d'affirmer, en l'amplifiant encore, l'ADN de Leroy Merlin : « Demain, c'est nous ! »

Des équipes transversales multidisciplinaires se réunissent et prennent des initiatives pour repenser entièrement leur façon de vendre de la décoration, des projets d'aménagement ou des matériaux de construction. Des idées concrètes issues des voyages « Innover pour inventer demain » prennent forme en magasin et dans les services internes. En s'appuyant sur la démarche de la vision collective profonde, ou *deep visioning*, Leroy Merlin a transformé sa manière de faire le métier : « L'homme au cœur de l'entreprise et le client au centre. »

Les conséquences

Pour Damien Deleplanque, le but ultime de la vision était « de mettre tout le monde dans un mode de conquête et faire en sorte que chacun devienne entrepreneur de sa vie professionnelle ». Il a gagné son pari. Chaque magasin se développe dans un cadre large d'autonomie derrière la vision commune. Ce que fait Leroy Merlin à La Rochelle est différent de ce que fait Leroy Merlin à Pau ; la vision, les valeurs, les orientations stratégiques sont les mêmes, mais les priorités d'action, les décisions sont locales. Les gens ont la légitimité pour pratiquer la « désobéissance » à l'intérieur du cadre de la vision et des valeurs, de prendre les initiatives qui leur semblent appropriées afin de réaliser les stratégies qui ont été privilégiées.

Les chiffres parlent d'eux-mêmes, nous racontent les trois dirigeants et certains de leurs employés rencontrés au hasard. Depuis l'instauration de cette démarche, Leroy Merlin a connu une croissance continue, et ce, même pendant les crises économiques. Deuxième acteur en 1994 sur son marché en France, Leroy Merlin est dorénavant le leader en France et en quatrième position mondiale, ses revenus étant passés de 3,3 milliards d'euros en 2000 à plus de 13,7 milliards en 2011. Le chiffre d'affaires double tous les cinq ans.

Les indices d'engagement et de satisfaction du personnel sont très élevés. Année après année, Leroy Merlin se classe aux premiers rangs des entreprises où il fait bon travailler tel qu'établi par le palmarès annuel *Great Place to Work*. Le taux de roulement du personnel se situe autour de 6 %, ce qui est nettement moins élevé que dans les autres entreprises du même genre. Et la vision y est pour beaucoup, nous disent-ils. Cette vision a réussi à mobiliser tout le monde, à miser sur la formation plus que n'importe où ailleurs alors que celle-ci représente 6 % de la masse salariale. Les formations permettent au personnel de mieux connaître les différents produits et services et ainsi de mieux conseiller les clients.

La vision de Leroy Merlin place l'humain au cœur de l'entreprise, c'est-à-dire le personnel. En vertu de quoi le personnel de Leroy Merlin est l'objet d'une attention toute particulière. Ainsi, les heures de formation à la disposition des employés sont supérieures à tout ce qu'on trouve dans l'industrie. Fréquemment interviewés dans des revues françaises ou des journaux économiques, les directeurs généraux ou les directeurs des ressources humaines de Leroy Merlin précisent que le diplôme n'est pas non plus une condition *sine qua non* pour avoir un poste, mais il faut avoir un sens des relations, une affinité pour le commerce et une forte motivation. « L'entreprise privilégiera un candidat qui a des aptitudes à aimer et servir le client, plutôt que quelqu'un qui a un beau CV », dit Régis Degelcke. La promotion interne est aussi une priorité et beaucoup de responsables d'aujourd'hui ont commencé dans les magasins leur parcours dans la vente.

De plus, à contexte socioéconomique similaire, les résultats des ventes et de satisfaction sont moins élevés dans les quelques magasins où la démarche n'a pas été mise en avant. Les directeurs de ces magasins ne se sont pas engagés dans une telle démarche soit parce qu'ils n'y croyaient pas, soit parce qu'ils ne voulaient pas se plier à une vision collective, ou encore parce qu'ils jugeaient avoir d'autres priorités.

Les effets de la vision collective, mais surtout du processus participatif lui-même, ont été des plus positifs et sont dorénavant imbriqués dans l'entreprise. Régis Degelcke, aujourd'hui directeur général délégué du Groupe ADEO et membre du comité de direction, relate que la démarche a provoqué une immense vague d'énergie au cœur de Leroy Merlin, suscitant un sentiment d'appartenance et de prise en charge d'une ampleur que personne n'avait imaginée. Il insiste sur la formidable cohérence qu'apporte une telle démarche : la vision est exprimée, les directeurs de magasins animent leurs équipes à partir de priorités claires et chaque personne peut voir son intérêt à s'engager dans ce processus. Car elle agit à partir d'une vision à laquelle elle a participé, qu'elle a cocréée, et qui produit des résultats dont elle retrouvera les fruits dans sa prime au progrès et dans la valeur de ses parts.

Le personnel rencontré à l'intérieur des locaux et des magasins fait ouvertement et spontanément les mêmes remarques : définir la vision, se l'approprier, être en plus un entrepreneur au sein de ses propres activités, et, qui plus est, un actionnaire sont sans conteste les grandes sources de motivation et de fierté.

Une formatrice externe, qui nous faisait part de ses observations sur le personnel de l'entreprise, affirme que : « Leroy Merlin, ils en redemandent tant ils sont fiers. »

Un groupe de trois employés du service informatique nous indiquent spontanément que la démarche de vision collective est riche d'enseignements et de retombées. Qui plus est, disent-ils, « on se sent propriétaires jusqu'à un certain point, puisque nous recevons des dividendes sur les profits engendrés ». En effet, les employés de Leroy Merlin ne sont pas payés plus cher qu'ailleurs dans cette industrie, mais ils sont intéressés aux résultats, gagnent une prime de progrès calculée sur les résultats de leur magasin et sur ceux de leur pays, et ont la possibilité d'acquérir des actions et de recevoir des dividendes. C'est la concrétisation du partage de l'avoir : l'intéressement lié aux résultats du magasin peut représenter 20 % de la rémunération annuelle et la participation aux bénéfices de l'entreprise peut se situer autour de 10 %.

Les défis

Le processus participatif fait appel à la contribution de tous, ce qui représente en soi des défis importants.

Outre l'organisation des séances de travail, les participants ont besoin d'information et des ressources nécessaires afin de comprendre la situation actuelle, puis de rêver à l'avenir de façon réaliste. Mais donner du sens à toute une organisation ne se fait pas en quelques jours ou par quelques personnes. Il y faut du temps et la contribution du plus grand nombre. Car c'est « l'esprit » de l'entreprise qui est ainsi dynamisé, et pour longtemps.

Une vision partagée est une forme de contrat social réalisé à plusieurs qui oblige à démontrer de la cohérence, à faire ce que l'on a dit que l'on ferait et à dire ce que l'on fait. La crédibilité, c'est l'obligation permanente d'être cohérent. Mais en contrepartie, une vision partagée amène la cohérence au sein de l'entreprise, puisque tous sont alignés de la même façon, sur les mêmes principes directeurs.

Il faut en plus, nous dit Damien Deleplanque, une obligation de cohérence partout dans l'entreprise, avec le personnel, les clients, les fournisseurs et les collectivités locales. « La crédibilité, la confiance se construit goutte à goutte mais se perd par litre », dit-il.

En prenant un peu de recul sur 20 années de vision collective, Philippe Zimmermann nous disait que si le projet d'entreprise a fait une révolution dans le métier, la vision a engendré une révolution de gestion. Le responsable hiérarchique n'est plus un « chef », il devient un facilitateur ; il anime une démarche d'apprentissage et de partage, il est acteur – et porteur – d'une aventure collective dans laquelle l'avenir est écrit par tout le monde.

Régis Degelcke souligne que dans cette démarche de vision, il faut des leaders qui aient des convictions, de la détermination, et qui sachent engager des changements et les suivre jusque dans leur réalisation, afin que les petites victoires deviennent progressivement de grandes avancées collectives.

Ce thème du changement, de même que son exigence pour le leader, est souvent évoqué par Damien Deleplanque. « Si je ne change pas moi-même, en me mettant mieux à l'écoute, en devenant plus authentique, il y a peu de chances que mes collaborateurs changent. Un des changements les plus efficaces est de laisser prendre les décisions par les personnes qui vont en assumer les effets. » Cette attitude, bien sûr, demande du courage ainsi que de la confiance dans les possibilités de chacun.

* * *

L'effort de vision partagée est certes considérable, mais les retombées se concrétisent à chaque étape. Le niveau de capital intellectuel et de mobilisation collective de l'entreprise augmente de façon inexorable et continue dès les premiers moments de la démarche grâce au partage d'informations et de compréhensions communes entre les diverses parties prenantes. L'investissement en temps est, de plus, rapidement récupéré au cours des étapes d'implantation, puisque les acteurs sont déjà engagés et convaincus au fur et à mesure.

Même si cette description de la vision partagée au sein de cette entreprise semble idyllique, les dirigeants gardent la tête froide. Tout, disent-ils, n'est pas parfait: des magasins restent à la traîne, les conditions de travail doivent encore être améliorées, l'autonomie et la responsabilisation des collaborateurs doivent continuellement être développées. De plus, dans une entreprise qui se veut de plus en plus agile, concilier la forte autonomie individuelle, la valorisation de l'entrepreneur et la collaboration transversale nécessaire aux grandes performances sur des sujets complexes n'est pas un défi aisé.

Deux questions demeurent aussi: qu'adviendra-t-il lorsque les principaux instigateurs quitteront leurs fonctions actuelles? Et est-ce que cette démarche peut être appliquée à l'identique ailleurs? La réponse à la première question est double. D'une part, la démarche est tellement bien inscrite dans la culture de l'entreprise qu'il serait difficile de modifier le mouvement irréversible insufflé par Damien Deleplanque. D'autre part, toute démarche de leadership partagé demande un parrainage de la part des dirigeants; d'autres dirigeants pourraient alors se désengager d'une telle approche participative. Mais les résultats seront éventuellement négatifs tant du côté du chiffre d'affaires que du côté de la mobilisation des collaborateurs, et conséquemment de la satisfaction des clients.

Quant à la question de la reproduction de cette démarche dans d'autres contextes, il est convenu de s'en inspirer plutôt que de tendre à la reproduire, car Leroy Merlin a su réunir beaucoup d'ingrédients facilitant le succès, ce qui ne s'improvise pas dans une organisation qui n'aurait ni cette détermination, ni cet historique participatif. Il n'en demeure pas moins que les séances de travail et de réflexion sur la situation actuelle, les défis et les occasions sont de véritables espaces de dialogue qui favorisent l'engagement et la mobilisation des personnes, et cela mieux que ne le feraient des séances de formation traditionnelles. Qui plus est, offrir au personnel des rencontres de qualité avec des clients, des fournisseurs, des experts ou des penseurs ne peut qu'avoir des retombées positives sur la recherche éclairée de solutions et sur la cocréation d'une vision.

Enfin, dans un monde individualiste, ce sont paradoxalement les visions collectives qui réussiront davantage à inciter les personnes à se dépasser, puisqu'elles font appel aux aspirations fondamentales de l'être humain à collaborer avec d'autres.

CHAPITRE 5

Michelin: l'apprentissage du leadership partagé par un groupe d'experts

Le profil décrit dans ce chapitre est celui d'un groupe d'experts qui s'est formé spontanément afin d'accroître son influence au sein de l'entreprise Michelin. Il n'existe dans ce groupe ni leader détenant une autorité formelle, ni reddition de compte obligatoire pour qui que ce soit. Les membres de ce groupe, mobilisés autour d'une mission, se partagent à tour de rôle la préparation et l'animation de leurs rencontres. Après trois années d'existence, le groupe est à un tournant de son évolution. D'un leadership partagé de type restreint ou intragroupe, c'est-à-dire centré sur ses propres besoins, le groupe s'oriente dorénavant vers une autre mission qui semble se centrer davantage sur les besoins de ses partenaires et de ses clients internes. Ce profil montre que les groupes qui collaborent dans le cadre du leadership partagé connaissent différentes étapes de maturité qui seraient déterminées, d'une part, par le niveau de confiance existant entre les membres et, d'autre part, par leur capacité de répondre ensemble à différents types d'enjeux pour le bénéfice d'une collectivité.

L'entreprise

Le Groupe Michelin est une multinationale française qui fabrique des pneus pour les voitures de tourisme, les véhicules lourds et les véhicules de spécialité tels que les vélos et les autos de course. Cette entreprise, dont le siège social est à Clermont-Ferrand, a un chiffre d'affaires annuel qui avoisine les 20 milliards de dollars. Premier fabricant mondial de pneumatiques, elle emploie, selon les chiffres de 2012, plus de 110 000 personnes à travers 69 emplacements de production répartis dans le monde. Depuis ses débuts en 1889, sa mission consiste à faciliter la mobilité des personnes et des biens en innovant dans la fabrication des pneus et dans la production de cartes et de guides pour le voyageur.

L'histoire de cette entreprise débute à la fin du XIXe siècle lorsque deux frères Michelin, Édouard et André, décident de commercialiser l'utilisation du caoutchouc. Un de leurs premiers produits, outre la production de balles en caoutchouc, sera le patin de frein pour voitures à cheval et vélocipèdes présenté à l'Exposition universelle de 1889 et pour lequel ils obtiendront une médaille de bronze.

Le premier pneu sortira des usines en 1895 alors qu'il n'y avait en France que 200 voitures en circulation[1]. Le génie inventeur des deux frères, de leurs descendants et de leurs collaborateurs les a positionnés au fil des ans comme des partenaires incontournables des producteurs d'automobiles et des voyageurs aguerris.

Une des grandes découvertes techniques qui a changé la destinée de Michelin a été la mise au point du pneu démontable pour vélo. Cette invention existait déjà, grâce au fabricant Dunlop, sauf que le démontage du pneu en question prenait plus de trois heures et nécessitait le travail de quelques personnes. L'esprit inventif des frères Michelin a ramené le temps de démontage à 15 minutes grâce à l'utilisation de la chambre à air. En 1892, le flair d'Édouard allait leur permettre de faire connaître leur invention[2] en profitant de la première édition de la course à vélo Paris-Brest-Paris. Charles Terront, le gagnant de la course et première vedette française du cyclisme, a réussi en plus l'exploit de remplacer ses cinq crevaisons en un temps record. C'était le début de la gloire pour Michelin !

L'utilisation créative de la publicité par les frères Michelin est de nouveau démontrée en 1898, alors qu'ils imaginent une mascotte qui les suit depuis, le sympathique Bibendum, figure emblématique de toutes leurs campagnes publicitaires. En 1900, André Michelin a l'idée géniale de produire à l'intention des voyageurs un guide qui non seulement leur donnerait tous les renseignements utiles pour approvisionner leur auto

1. P.A. Donnet (2008), *La saga Michelin*, Paris, Éditons du Seuil.
2. *Ibid.*, p. 33.

et la réparer, mais aussi les informerait sur les lieux d'hébergement, les restaurants et les curiosités touristiques. D'autres inventions suivront, dont le pneu radial pour autos en 1946.

D'abord une entreprise française, Michelin est devenue à travers le temps une entreprise mondiale comptant des installations un peu partout dans le monde. Ce fleuron de l'industrie française fait cependant l'objet de critiques à l'occasion, car on lui reproche parfois un certain paternalisme envers ses employés et même une certaine culture du secret, héritage de la propension de ses fondateurs à se méfier de l'espionnage industriel. Il n'en reste pas moins que Michelin est une pionnière dans la publicité, l'innovation technologique, les guides touristiques et même la gouvernance d'entreprise, puisqu'elle est dirigée depuis plusieurs décennies par des cogérants.

Le groupe Michelin est en constante évolution, car il dépend des cycles économiques qui touchent le secteur de l'industrie automobile. Comme dans toute autre entreprise, différentes stratégies sont mises en place pour atténuer cette fragilité, dont l'amélioration des procédés et des systèmes de fabrication, la mise en marché de nouvelles innovations ainsi qu'une meilleure gestion des achats des biens et des services nécessaires à la production. L'exemple de leadership partagé décrit dans ce chapitre s'inscrit à l'intérieur d'un programme de transformation de la fonction achats de l'entreprise afin d'optimiser l'acquisition des biens et des services. Nous donnerons quelques informations de base sur cette fonction et sur le rôle que joue un nouveau poste de responsable monde de catégories d'achats, avant de décrire l'initiative de Michelin en matière de leadership partagé et ses retombées.

Le contexte de la fonction achats

Les entreprises se pourvoient de biens et de services de toutes sortes afin de réaliser leurs opérations. Elles peuvent améliorer significativement leur rentabilité lorsque ces achats sont faits de la façon la plus judicieuse possible. Le défi devient donc d'anticiper les besoins d'affaires de l'entreprise, en même temps que les tendances des coûts à court, à moyen et à long terme afin de prévoir les stratégies qui permettront d'optimiser la valeur des achats.

Il y a quelques années, les acheteurs au sein des entreprises cherchaient surtout à obtenir les meilleurs prix auprès de fournisseurs pour une qualité donnée. Le rôle de la fonction achats consistait avant tout à servir d'intermédiaire entre les demandeurs internes et les fournisseurs externes tout en agissant comme contrôleur des achats. La principale stratégie reposait sur la capacité de négociation de l'acheteur, le tout dans une relation verticale où celui-ci avait très souvent le pouvoir sur le fournisseur qui lui faisait face. Mais les façons de faire ont évolué, puisque la fonction achats participe dorénavant à la stratégie de l'entreprise et place la collaboration au centre des relations avec les partenaires. Les responsables des achats, comme ceux présentés dans ce chapitre, mettent en pratique de nouveaux savoirs et exercent un leadership d'expertise et de mobilisation auprès de nombreux interlocuteurs sur lesquels ils n'ont ni autorité formelle ou verticale, ni pouvoir économique.

Cette évolution est due à de multiples facteurs, dont les systèmes d'information plus performants qui permettent de savoir plus vite et mieux ce qui est dépensé auprès de quels fournisseurs, par qui, à quels moments, à quel rythme et à quelles fins. Le développement d'Internet aide aussi à repérer des fournisseurs partout dans le monde, à obtenir d'eux une première proposition de prix avant même d'amorcer des discussions. Les connaissances en microéconomie, en macroéconomie tout comme en géopolitique permettent également de percevoir les occasions et les risques, d'analyser la valeur totale d'un bien et de saisir les rendements des investissements dans les achats.

C'est pourquoi les meilleures pratiques font état d'une approche stratégique des achats fondée sur la lecture des tendances économiques, technologiques, légales, environnementales, voire politiques, et sur l'utilisation de paramètres financiers permettant de cibler les stratégies d'achats qui seront les plus efficaces et les plus efficientes.

Chez Michelin, la valeur globale des achats, toutes catégories confondues, s'élève à plusieurs milliards de dollars. On comprend donc que même un faible pourcentage de la réduction des coûts peut contribuer de façon importante à l'augmentation de la rentabilité ou à une plus grande disponibilité des liquidités. Inversement, une augmentation des coûts peut déstabiliser l'équilibre financier de l'entreprise.

Le gérant de Michelin, Michel Rollier, a d'ailleurs expliqué en 2007, dans un discours aux actionnaires, que dans la seule année 2006, la hausse des coûts externes – matières premières, énergies et logistique – avait atteint 824 millions d'euros, dont 740 millions pour les seules matières premières. Il a indiqué que l'entreprise ne peut plus croître sans baisser ses coûts. Michelin fait aussi face de plus en plus à une guerre des prix sans précédent entre les grands fabricants de pneus. Cela ne lui permet plus de vendre ses pneus 10 ou 15 % plus cher que la concurrence. Selon les analystes financiers, Michelin doit faire des économies afin de ne pas perdre de terrain là où ses concurrents, comme Bridegstone ou Goodyear, pourraient continuer d'en gagner.

En 2008, la fonction dédiée aux achats au sein de cette entreprise était en pleine transformation, car elle tentait d'augmenter la rentabilité et la croissance de l'entreprise grâce à la consolidation et à la mondialisation des achats. Pour y arriver, le principal responsable de la fonction achats à cette époque a mis en œuvre différentes initiatives, telles que l'implantation de systèmes plus performants de gestion de l'information, une standardisation des processus d'achats des programmes de formation des acheteurs et une nouvelle structure organisationnelle au sein de la fonction. De plus, il a créé de nouveaux postes, dont ceux de responsables mondiaux pour les achats de catégories de biens et de services. Dix-neuf responsables de catégories d'achats viendront se joindre à la fonction achats et seront basés soit à Clermont-Ferrand, soit ailleurs dans le monde.

Ces responsables monde de catégories d'achats sont chargés de définir et d'orchestrer la mise en œuvre de stratégies d'approvisionnement rattachées à une catégorie spécifique appartenant à l'un ou l'autre des trois grands domaines d'achats : les matières premières et les énergies ; les achats d'équipements et de services à l'industrie ; les achats d'autres services. Les stratégies sont appliquées sous la forme de plans quinquennaux et annuels d'achats conçus et déployés en collaboration avec une panoplie de partenaires internes.

Ces plans sont le résultat de diverses analyses et consultations tant dans l'environnement interne de Michelin qu'à l'extérieur de l'entreprise. Les responsables examinent les besoins actuels et anticipés des secteurs d'affaires au sein de l'entreprise. Ils s'assurent de déterminer et de comprendre les améliorations possibles aux habitudes d'achats de leurs clients internes en tenant compte de différents paramètres financiers et en connaissant bien le profil des fournisseurs actuels et potentiels. Ils analysent les tendances sur le marché de même que les occasions et les risques. Ils comparent les pratiques de Michelin avec d'autres pratiques en vigueur. Tout cela en s'adjoignant la collaboration des principaux intéressés, avant de leur proposer l'adoption de nouvelles stratégies d'achats.

L'influence que les responsables exercent se fait sur la base de leur expertise et de leur leadership, puisqu'ils n'ont aucune autorité formelle sur leurs différents interlocuteurs que sont les chefs des unités d'affaires, les acheteurs dans les emplacements de production, les gestionnaires des contrats de même que les nombreux fournisseurs venant de nombreux pays aux cultures et aux pratiques diverses. En plus de convaincre leurs partenaires internes d'adopter les stratégies les plus aptes à réduire leurs coûts, ils ont à s'assurer de leur application puis des résultats obtenus. Le leadership de chacun de ces responsables de catégories d'achats est donc un facteur critique dans l'implantation des stratégies, alors que la collaboration avec les partenaires devient le mode privilégié du fonctionnement relationnel.

Les nombreux interlocuteurs sur lesquels les responsables monde de catégories d'achats n'ont aucune autorité formelle, mais qu'ils doivent néanmoins convaincre et mobiliser, sont les suivants :

- *Les chefs des unités d'affaires, leurs acheteurs réguliers et stratégiques.* Les demandes de biens et de services viennent principalement des unités d'affaires, soit directement des chefs eux-mêmes aux fins opérationnelles de leurs usines, soit des intermédiaires tels que les acheteurs réguliers ou stratégiques rattachés aux emplacements de production. Les responsables de catégories d'achats collaborent avec eux dans l'élaboration et l'implantation des stratégies.
- *Les équipes de travail.* Les responsables de catégories d'achats travaillent en équipe avec des représentants des unités d'affaires. Au sein de ces équipes se bâtissent les stratégies destinées à une catégorie d'achats en question. Ces équipes sont les lieux où se fait le travail initial, où les informations de toutes sortes sont partagées et discutées et où les stratégies émergent et se précisent.
- *Le comité de pilotage.* Les membres du comité de pilotage appartiennent aux unités d'affaires et ils ont la responsabilité de revoir à la fois le plan stratégique élaboré sur un horizon de cinq ans et le plan de l'année en cours. Une fois le plan stratégique révisé, celui-ci est soumis au comité exécutif général pour une autre validation.
- *Les décideurs stratégiques dans l'organisation.* Le plan stratégique proposé pour chaque catégorie d'achats se décide en dernier lieu avec les plus hauts décideurs dans l'entreprise en ce qui concerne les

besoins à venir et les données du marché. Ces décideurs se rencontrent au comité exécutif général.

- *Les gestionnaires de contrats.* Ceux-ci administrent les contrats établis avec les fournisseurs. Ils ont le pouvoir d'implanter ou non les stratégies d'achats déterminées dans le plan. Ils ont un rôle clé tant dans l'implantation des stratégies que dans la collecte d'informations sur l'efficacité de celles-ci.
- *Les collègues.* D'autres groupes sont aussi en contact avec les responsables de catégories d'achats, notamment ceux qui leur donnent accès aux systèmes de gestion des informations sur les achats et ceux qui leur permettent de lire les tendances internes selon les achats réalisés, leur valeur et les fournisseurs utilisés. Les responsables des méthodes et des processus sont aussi des collègues avec qui les responsables de catégories d'achats discutent des améliorations possibles.
- *Le responsable de domaine.* Cette personne exerce une relation d'autorité sur les responsables de catégories d'achats et s'assure de leur performance.
- *Les fournisseurs et leurs intermédiaires.* Les responsables de catégories d'achats discutent également avec les fournisseurs stratégiques et leurs intermédiaires afin d'examiner avec eux la stratégie d'approvisionnement à court, à moyen et à long terme. Ils peuvent même convaincre les fournisseurs de changer leurs modes de fabrication ou de livraison de biens et de services selon des paramètres qu'ils établissent ensemble.

Les responsables de catégories d'achats sont en quelque sorte des agents de changement, devant collaborer avec leurs interlocuteurs, les amener à modifier leurs façons de faire, ce qui exigera parfois de les inciter à faire appel à d'autres fournisseurs que ceux avec qui ils font affaire depuis un certain nombre d'années. Enfin, ils doivent aussi les persuader d'adopter le plan stratégique d'achats rattaché à la catégorie en question. Bref, le pouvoir des responsables de catégories d'achats réside dans leur capacité d'exercer un leadership à plusieurs niveaux, d'obtenir la collaboration de tous les interlocuteurs et de les convaincre de la pertinence des stratégies proposées.

La section suivante présente l'initiative en matière de leadership partagé prise par certains responsables de catégories d'achats afin de pouvoir se renforcer mutuellement dans l'exercice du leadership attendu d'eux dans l'entreprise.

Le groupe des responsables de catégories d'achats

C'est dans le contexte de la transformation de la fonction achats qu'est né ce groupe unique dans l'histoire de Michelin. Son fonctionnement illustre une forme particulière de leadership partagé. Ce groupe, dont les membres s'appellent entre eux le « club des *category managers* », mais que nous nommons dans ce chapitre le « groupe des responsables de catégories d'achats », est composé au départ d'une douzaine d'experts, nouvellement responsables de catégories d'achats. Ce nombre s'élèvera jusqu'à 19 membres plusieurs mois plus tard, au fur et à mesure que de nouveaux postes s'ajouteront à la fonction achats.

L'étude du profil de leadership partagé de ce groupe a été réalisée trois ans après la naissance de celui-ci. Dans ce but, plusieurs entretiens ont été réalisés avec quatre membres principaux, soit le responsable de l'initiative, Jocelyn Francoeur, deux membres qui se sont joints plus tard au groupe et un autre membre qui disait retirer de moins en moins de bénéfices de sa participation à ce regroupement. Les résultats d'un sondage réalisé par Francoeur et quelques collègues à l'automne 2011 auprès des 19 membres du groupe ont également été analysés. L'objectif de ce sondage était de cerner les besoins et les attentes des membres quant aux suites à donner à leur groupe. Puis, ce chapitre a été soumis aux personnes consultées et à la responsable des communications à des fins de validation.

La mission, les objectifs poursuivis par le groupe de même que son mode de fonctionnement sont d'abord décrits.

La mission, les objectifs et la charte d'équipe

Le principal instigateur de ce groupe, Jocelyn Francoeur, a cru bon, dans le contexte de la transformation des achats et de la création des postes de responsables de catégories d'achats, de mettre en place un groupe d'intérêts communs. Lui-même responsable depuis peu de la catégorie relative aux produits et aux services en marketing et communication, il se rend compte que ses collègues ont autant besoin que lui de mieux comprendre ce nouveau rôle et d'avoir l'impact recherché dans l'entreprise. L'idée lui vient donc de constituer un groupe afin que tous puissent apprendre les uns des autres, partager les meilleures pratiques et les leçons apprises tout en s'assurant d'un positionnement stratégique dans l'entreprise. Fort des appuis du responsable de la fonction achats et de la responsable des programmes de formation, il décide d'aller de l'avant. Il en parle à d'autres responsables de catégories d'achats, réunit quelques personnes puis organise la première rencontre officielle.

La mission poursuivie par le groupe était, selon ses propres mots, « de se permettre de partager les idées, les connaissances, les champs de solutions, et ce, afin de pouvoir se renforcer mutuellement ».

Au cours de la première rencontre, les membres présents, soit une douzaine de personnes, adoptent leur mission, se donnent une charte d'équipe, des règles de participation, une méthode de travail et un déroulement type de chaque réunion. Il est clair pour tous que le groupe ne sera ni une instance décisionnelle, ni l'exécutant de commandes externes au service de la hiérarchie ou de clients internes.

Les objectifs poursuivis sont les suivants :

1. Cerner les problématiques communes à leurs nouvelles responsabilités.
2. Discuter sur les bonnes pratiques, les stratégies possibles, les ressources et les synergies possibles.
3. Mutualiser les savoirs et savoir-faire des membres afin de renforcer le leadership de chacun.
4. Adopter un positionnement commun à l'égard d'un enjeu ou d'une problématique et le faire remonter par le bon canal auprès des personnes concernées.
5. Accompagner les nouveaux responsables de catégories d'achats dans l'intégration de leurs nouvelles responsabilités.

Cinq ou six réunions sont prévues annuellement, soit environ une tous les deux mois. Les réunions se déroulent au siège social de Michelin, à Clermont-Ferrand, avec de temps en temps des conférences téléphoniques qui rassemblent des personnes travaillant à l'extérieur de la France ou en déplacement. Ces membres se rencontrent très peu en dehors des réunions du groupe, puisqu'ils ne traitent pas des mêmes catégories d'achats (par exemple, les matières premières ou les achats de services) et qu'ils n'ont pas les mêmes responsables hiérarchiques.

Le groupe s'entend sur trois valeurs phares qui guideront la préparation des rencontres, leur animation et les discussions qui y auront lieu. Ce sont la participation active, l'ouverture d'esprit aux questionnements et aux idées ainsi que le respect mutuel.

Les règles de participation convenues entre les membres sont la ponctualité (une pénalité symbolique est appliquée aux retardataires), l'écoute attentive, l'interdiction d'utiliser un ordinateur ou un téléphone portable pendant les réunions, l'absence de sujets tabous relatifs aux achats, la confidentialité absolue et la confiance mutuelle.

Chaque membre est invité à présenter un sujet qui suscite son intérêt et, en conséquence, il est celui qui anime la réunion qui traitera du sujet en question. Pendant la rencontre, personne n'occupe de poste de leader de façon formelle ; il n'y a pas de président dans ce groupe. L'initiateur de la formation de ce groupe s'est cependant donné un rôle informel et implicite de vigilance, notamment en ce qui concerne le respect de la charte d'équipe et les sujets à l'ordre du jour.

Une liste préliminaire de sujets est proposée afin d'orienter les discussions. En voici quelques-uns :

- la préparation du plan stratégique et quinquennal des achats ;
- l'analyse financière et les outils d'analyse ;
- l'analyse du marché et les meilleures pratiques ;
- la gestion de comptes fournisseurs, les pratiques et les défis ;
- l'analyse de la valeur fonctionnelle d'un produit ou d'un bien afin de l'optimiser ;
- les indicateurs de performance des responsables de catégories d'achats.

Cette liste n'est aucunement exhaustive, puisque les sujets sont amenés par le groupe selon les besoins. Par exemple, l'approche de négociation avec certains fournisseurs spécifiques a été un sujet traité par le groupe à la suite de la demande de quelques membres.

Une charte d'équipe est ainsi constituée ; elle inclut ce qui précède : la mission, les valeurs, les objectifs poursuivis par le groupe, les règles de participation, le déroulement prévu des réunions et les thèmes possibles à traiter.

Un bilan, trois ans plus tard

Un peu plus de trois années se sont écoulées entre la naissance de ce regroupement et le moment où l'étude de ce profil est entreprise. Les informations recherchées lors des entretiens et l'analyse des résultats du sondage visaient l'appréciation de l'expérience, la perception de ses retombées et les perspectives d'avenir. En quoi ce groupe est-il une illustration du leadership partagé ? Et quelle évaluation les membres font-ils de leur expérience ? Quelles sont les perspectives d'évolution de ce groupe ?

Quelques paramètres fondamentaux permettent d'établir qu'il s'agit d'un groupe adoptant le leadership partagé :

1. Le groupe fonctionne sans autorité formelle et il est mobilisé autour d'un but commun ; il n'est issu d'aucune demande émanant de la hiérarchie.
2. Les membres partagent la responsabilité de la préparation, de l'organisation, de l'animation et du déroulement des rencontres, tout comme ils l'ont fait lors de la définition de la mission du groupe et de la révision de sa raison d'être.
3. Les membres sont engagés dans un processus de coresponsabilité de moyens et de résultats.
4. L'influence au sein du groupe est dynamique, réciproque et horizontale.
5. Le dialogue entre les membres est centré sur le problème exposé et non sur une relation d'obéissance, de compétition ou de charme.
6. Chaque membre assume son propre leadership non seulement au sein du groupe, mais aussi à l'égard des effets collectifs recherchés, soit l'optimisation des achats dans sa sphère d'influence. Il n'y a pas non plus de récompense extrinsèque associée à la participation des membres, telle qu'un bonus ou une appréciation plus positive de leur rendement.

Rappelons que le poste de responsable monde de catégories d'achats n'existait pas auparavant chez Michelin et que la dimension plus stratégique des achats au sein de la fonction achats elle-même était récente. En conséquence, les besoins des débuts ont évolué. Alors, bien que le groupe se questionne maintenant quant à son avenir et cherche un second souffle, les répondants interrogés indiquent que les retombées de la première phase de participation à ce groupe ont été positives tant sur le plan individuel que sur le plan collectif, au sein du groupe lui-même comme à l'extérieur du groupe. Le regroupement a permis aux responsables de catégories d'achats de s'approprier plus rapidement leur rôle stratégique et leur capacité d'influence multilatérale.

Deux phases marquent le cycle de vie de ce groupe. La première phase, d'une durée d'un peu plus de deux ans, correspond à la sécurisation des membres quant à leur rôle d'experts stratégiques, à la prise de conscience de leur force collective et de ses conséquences pour l'entreprise. La deuxième phase consiste dans une remise en question et la définition d'une nouvelle mission.

L'appropriation du rôle d'experts stratégiques : force commune et impacts

Pour les divers répondants aux entretiens et au sondage, cette expérience leur a permis d'échanger des idées sur tout ce qui se rapportait aux aspects stratégiques de leurs responsabilités, de se connaître et de tisser des liens entre des personnes qui, autrement, sont isolées dans leur champ de responsabilités et dans leur région. Sans ce groupe, chaque responsable de catégorie d'achats aurait travaillé dans son secteur, loin des autres responsables, puisqu'il n'existe pas de liens d'interdépendance entre eux. Les liens créés entre les membres ont favorisé du coup des échanges même entre les rencontres prévues au calendrier. Les répondants notent aussi que le développement de l'identité professionnelle rattachée à ce nouveau rôle a été plus rapide que s'ils avaient opéré chacun dans leur univers respectif de catégorie d'achats.

Selon les répondants, les questions et les préoccupations des collègues se sont graduellement situées à un niveau tout autre que la simple demande ou exécution de commandes d'achats ; leurs perspectives des enjeux, des occasions d'affaires, des stratégies possibles devenant de plus en plus articulées et génératrices de solutions nouvelles. Plusieurs sont ressortis de ces rencontres avec des avenues de solutions à des problématiques d'achat exposées en groupe. Les différents membres ont acquis, à des degrés divers, plus d'assurance quant à leur pouvoir d'influence sur leur milieu et leur réseau, soit en apprenant des autres, soit en se comparant favorablement. En outre, plusieurs responsables de catégories d'achats ont accru leur capacité d'influence dans des contextes interculturels variés, grâce au partage d'informations et de savoir-faire sur différentes pratiques de leurs fournisseurs et de leurs clients internes.

En plus d'améliorer leur sentiment d'efficacité, les membres ont réussi à avoir un impact collectif grâce à leur leadership mis en commun. En effet, les échanges d'informations, d'expériences et de questionnements ont permis de standardiser certaines stratégies d'achats et d'en élaborer d'autres. Par exemple, pour les mêmes contenus de formation technique, un fournisseur obtenait des prix variés selon différents barèmes, dans différentes divisions d'affaires, dans différents pays, tout en offrant une qualité variable de prestation. Bref, il régnait un certain désordre et il était difficile d'optimiser quelque activité que ce soit. Fort des informations partagées entre ses membres, le groupe a mis en place une stratégie de gestion de comptes fournisseurs peu importe la catégorie d'achats concernée. Ces nouveaux standards de pratique ont permis de réduire de plusieurs millions d'euros les coûts rattachés à divers achats de services.

L'utilisation d'un langage et de référents communs entre les différents partenaires (les chefs d'unités, les acheteurs stratégiques, etc.) a aussi été constatée. En effet, étant donné qu'ils avaient acquis de nouvelles connaissances et accru leur confiance, les responsables de catégories d'achats ont pu amener leurs partenaires à utiliser de nouveaux paramètres dans la définition de stratégies d'achats, tels que l'analyse du rendement des investissements ou l'analyse de la valeur totale dans l'acquisition d'un produit ou d'un service. La transformation de la fonction achats s'en est donc trouvée accélérée grâce à l'impact du groupe, combiné avec toutes les autres initiatives entreprises par ailleurs, comme les formations et les nouveaux systèmes de gestion de l'information.

Le groupe a donc accompli le mandat qu'il s'était donné ; il est même allé au-delà de celui-ci. Son rôle est dorénavant bien établi en tant que partenaire stratégique, ayant du coup évité de devenir un simple preneur de commandes. De plus, sur le plan de l'optimisation des achats, les rapports annuels 2010 et 2011 font état d'une diminution significative de la proportion de certains coûts, bien que le coût des matières premières ait continué d'augmenter.

Il ressort des entretiens et des résultats du sondage que trois conditions principales ont facilité la réalisation du mandat initial. D'abord, la mission était claire et partagée entre tous les membres, qui s'étaient mis d'accord dès le départ sur la mission du groupe et ses objectifs. Une réunion avait été prévue uniquement pour en discuter. La discipline de s'en tenir au mandat qu'ils avaient convenu entre eux a constitué aussi une condition facilitante. Enfin, et surtout, ils se sont partagé ensemble la responsabilité d'organiser, de préparer et d'animer les rencontres.

Cette première phase a permis de situer le groupe dans sa réalité organisationnelle. La deuxième phase de ce regroupement s'est amorcée un peu plus de deux ans après ses débuts.

L'élargissement du leadership partagé

Le groupe s'interroge maintenant sur son avenir. En effet, sa troisième année d'existence marque un tournant dans son évolution. Selon Jocelyn Francoeur et ses collègues, l'intérêt du début s'est estompé et la participation n'est plus la même ; les réunions n'attirent plus qu'une douzaine de personnes au lieu des 19 membres réguliers. L'intérêt est inégal et la pertinence du groupe lui-même est remise en question. Le groupe a dépassé le besoin initial d'appropriation de son rôle et de positionnement à l'intérieur de Michelin. Les besoins du groupe ont évolué, certes, mais quelle direction nouvelle est-il possible de lui donner ?

Un sous-groupe de trois ou quatre personnes s'est constitué à l'automne 2011. Après s'être concertées, celles-ci ont décidé de consulter tous les membres sur leurs besoins et leurs attentes afin de proposer, s'il y a lieu, de nouvelles orientations et une nouvelle mission. Ce coleadership était spontané et n'était imposé par personne.

Selon les résultats du sondage que le sous-groupe a réalisé par questionnaire et à la suite des consultations directes que ses membres ont eues, il semble que la définition d'un nouveau but commun sera un défi, puisque les répondants se divisent en deux groupes. D'une part, certains membres éprouvent le besoin non plus autant d'apprendre les uns des autres, et d'asseoir le positionnement stratégique de leur rôle dans l'organisation, puisque c'est chose faite, mais d'appliquer ensemble leurs compétences pour résoudre des enjeux communs, cette fois-ci en partenariat avec d'autres groupes dans l'organisation. D'autre part, des membres expriment le souhait que le groupe soit surtout un réseau d'amis, un lieu informel de rencontres autour de sujets variés.

Perspectives d'avenir et évolution

La première option, soit celle d'ouvrir les frontières du groupe par l'établissement de partenariats avec d'autres en vue de poursuivre l'optimisation des achats, correspondrait à un niveau de leadership partagé encore plus puissant que celui exercé au départ par le groupe restreint qui fonctionnait quasiment à huis clos. Certes, le fonctionnement du début répondait alors aux besoins du groupe, mais de nouvelles avenues s'ouvrent à ses membres.

Par contre, un réseau d'amis risquerait de limiter graduellement leur potentiel d'influence, qui n'émergerait alors que de façon fortuite selon les échanges et non selon un but partagé par tous. Le fonctionnement du groupe ne constituerait donc plus un leadership partagé ; le but commun ne serait plus autant au service de l'organisation, et la sollicitation du leadership de chacun afin de réaliser une œuvre commune ne serait plus aussi forte. Toute forme de leadership partagé dans un groupe doit amener les membres à se dépasser afin qu'ils défendent ensemble une cause plus grande qu'eux-mêmes. Une amicale ne permet pas ce type de dépassement.

Un groupe opérant selon le leadership partagé qui reconnaît les différentes phases de son évolution et qui valide régulièrement la pertinence des besoins auxquels il souhaite répondre ne peut que devenir encore plus apte à réaliser son potentiel de leadership collectif.

Le profil du leadership partagé de ce groupe a été de nature transitoire.

Néanmoins, ce cas démontre les faits suivants :

- Le leadership partagé fonctionne même sur une petite échelle.
- Une équipe de taille réduite peut, dans un temps relativement court (moins de deux ans), effectuer des transformations importantes.
- Toute mission commune n'est pas statique et doit être revue sur une base régulière, surtout quand le contexte change.
- Si ses membres en partagent le désir, un groupe peut toujours progresser vers un degré plus avancé de leadership partagé.

Les premières années de ce groupe de responsables d'achats ont sans doute permis à ses membres de bâtir une solidarité fondamentale et d'acquérir un sentiment d'efficacité collective pouvant les soutenir dans la deuxième phase de leur évolution. Pour passer à un niveau plus élevé de leadership partagé, le groupe pourrait notamment adopter une perspective systémique et se montrer prêt à collaborer avec d'autres groupes d'interlocuteurs. Car le leadership partagé est un effort de collaboration entre différents acteurs mobilisés par un même but et dont le dialogue intègre diverses perspectives, comme celles des clients, des fournisseurs, des actionnaires et des employés. Marqué par un esprit coopératif, ce groupe élargi d'acteurs pourrait ainsi construire ensemble des solutions aux défis qui se présentent.

Le fait d'ouvrir rapidement un dialogue avec d'autres permettrait au groupe de concevoir une mission commune entre les divers partenaires, par exemple en comprenant mieux les occasions conjointes d'amélioration dans la gestion de grands fournisseurs mondiaux ou en cernant mieux les attentes des responsables des unités d'affaires. Le groupe verrait aussi à inclure dans sa mission une notion d'utilité à l'organisation, à travers, par exemple, l'amélioration des pratiques et des processus, l'application de solutions, et ce, afin d'établir un partenariat d'affaires stratégique. Il pourra ainsi poursuivre son évolution, ancrer encore davantage son leadership et accroître son impact.

Les réponses aux questions suivantes permettront à n'importe quel groupe adoptant le leadership partagé de décider de son sort et de son évolution :

- À quels besoins le groupe répond-il ou voudrait-il répondre ?
- À quelle collectivité souhaite-t-il être utile ?
- Quelle sera alors la raison d'être du groupe, son but commun ?
- Quels seront les moyens permettant d'atteindre ensemble cette mission ?
- Quels seront les indicateurs de progrès ?

Le groupe pourra alors passer à un stade plus avancé d'exercice du leadership. Des communications régulières telles qu'un dialogue ouvert, fréquent et multilatéral ou encore des rétroactions, des sondages ou des enquêtes menés auprès de ses différents partenaires lui permettront de valider ces besoins et de faire évoluer la mission commune et les buts poursuivis.

En fait, la transition vers un leadership partagé plus étendu suppose que le groupe se place davantage au service d'une collectivité extérieure à lui-même, en partenariat avec ceux qui sont interpellés par un but commun.

***

Ce profil démontre que le leadership partagé est accessible à tout groupe, en autant que la mission et les valeurs communes exigent le dépassement et la collaboration de tous et qu'elles réunissent les aspirations individuelles.

CHAPITRE 6

Zimmer CAS : la fusion de deux entreprises

Ce profil illustre le succès de l'acquisition d'une entreprise d'innovation technologique par un géant du secteur manufacturier. La greffe organisationnelle entre ces deux entités s'avérait de prime abord un défi de taille : cultures différentes, distance géographique, styles de gestion différents, priorités opposées. Le succès de cette acquisition est dû en partie aux principes de leadership partagé qui étaient déjà bien établis dans l'organisation montréalaise acquise. En effet, forts de leurs capacités d'affronter les enjeux peu importe le statut formel, de faire preuve d'initiative, de collaborer pour réaliser leur mission commune et de prendre des décisions dans l'intérêt de l'entreprise, les membres de la société acquise ont su gagner leur place de leadership au sein du géant américain acquéreur. Grâce aussi à la confiance manifestée par les responsables des deux organisations et à une vision initiale commune, ils ont su mieux collaborer et ainsi créer une technologie révolutionnaire au service des orthopédistes et leurs patients et distribuée aux quatre coins du monde.

Les acquisitions d'entreprises connaissent assez souvent l'échec, et ce, pour toutes sortes de facteurs, dont les plus fréquents sont une surestimation financière, la fuite du capital intellectuel de la société acquise et le choc des cultures organisationnelles. Le profil d'entreprise décrit dans ce chapitre va à l'encontre des statistiques en réussissant son intégration au sein de son acquéreur, mais non sans efforts. Le leadership partagé expliquerait en partie cette réussite.

Zimmer est un leader mondial dans le domaine de la santé musculosquelettique grâce à ses technologies et prothèses personnalisées. La compagnie est spécialisée plus précisément dans le développement d'appareils médicaux pour le remplacement d'articulations des hanches et des genoux.

En 2008, David Dvorak, le nouveau PDG de Zimmer, décide de faire l'acquisition d'OrthoSoft, une entreprise spécialisée dans la mise au point de systèmes de chirurgie assistée par ordinateur. Bien qu'il soit alors occupé à optimiser la structure de l'entreprise, il se risque à faire cette acquisition, car il est convaincu que des avancées technologiques sont sur le point de révolutionner le domaine de l'orthopédie ; il veut être le leader de cette transformation, et OrthoSoft lui en donnera la possibilité.

OrthoSoft lui semble le partenaire le plus apte à réaliser sa vision de l'avenir. Cette entreprise montréalaise du secteur des technologies de la santé a alors des revenus d'environ 12 millions de dollars et elle est particulièrement créative et productive. En seulement 12 années d'existence, elle a développé pas moins de quatre plateformes technologiques de logiciels pour des chirurgies assistées par ordinateur.

C'est dans le contexte de cette acquisition qu'Édith Luc est intervenue afin de faciliter l'intégration d'OrthoSoft au sein du géant américain qu'est Zimmer. La première rencontre en 2008 s'est faite sans entretien initial (sauf la prise de rendez-vous) avec le chef de cette division. Le jour de la rencontre, le Dr Louis-Philippe Amiot arrive dans la salle de réunion avec à sa suite deux de ses proches collaborateurs... puis 12 autres membres de son organisation se joindront à eux ! Le but de la rencontre est d'examiner les défis que les membres d'OrthoSoft vivent consécutivement à leur acquisition par Zimmer quelques mois auparavant. OrthoSoft veut alors apprendre à faciliter son intégration chez Zimmer.

Pendant la rencontre, tous les membres communiquent d'emblée leurs frustrations sans pour autant faire référence à leur fonction soit de responsable des finances, soit de chef du développement, soit de chef d'équipe ou encore de directeur des ventes. Chacun se permet aussi de compléter au besoin la pensée de l'autre. Le Dr Amiot soumet ses idées sans que personne n'ajuste ni son comportement, ni ses opinions devant le chef. Cette façon de faire est peu fréquente, car dans bon nombre d'organisations l'autorité du chef conditionne souvent tout ce qui se dit ou se fait. Une réserve est généralement de mise. Chez OrthoSoft, cette liberté d'expression est certainement due à la manière unique dont le Dr Amiot dirige son personnel et à sa capacité d'encourager une certaine forme de leadership partagé où les communications sont fluides, centrées sur le but poursuivi et non sur la relation. Le fondateur de cette entreprise donne l'exemple en traitant ses employés comme des adultes capables de faire ce qui doit être fait pour l'entreprise. Ce qui rend l'acquisition encore plus intéressante, c'est qu'OrthoSoft sera traitée de la même manière par son nouvel employeur, David Dvorak.

La démarche que leur propose alors Édith Luc vise la détermination des attentes d'OrthoSoft et de Zimmer, de même que la définition explicite des valeurs de la jeune entreprise en complément à celles de Zimmer. Ces valeurs correspondent aussi, comme nous le verrons plus loin, à celles que privilégiait David Dvorak de son côté.

La description de ce profil de leadership partagé a été rendue possible à la suite d'entretiens réalisés avec 14 membres de l'équipe d'OrthoSoft, avec son fondateur de même qu'avec les 10 principaux responsables de l'équipe de direction de Zimmer au siège social à Warsaw, en Indiana. L'objectif des entretiens était de cerner les caractéristiques d'OrthoSoft en lien avec son acquéreur Zimmer en vue de faciliter leur collaboration, et conséquemment l'intégration de la jeune entreprise à son acquéreur. Des entretiens de suivi ont aussi eu lieu trois ans après l'intégration afin de découvrir les facteurs qui ont permis la réussite de cette acquisition et de compléter la description de ce profil.

L'histoire d'OrthoSoft

L'histoire de l'entreprise est fortement inspirée de la vision de son fondateur, le Dr Louis-Philippe Amiot, à la fois chirurgien orthopédiste et ingénieur en électronique.

En 1995, le Dr Amiot fonde OrthoSoft, une entreprise dédiée au développement de systèmes d'assistance chirurgicale orthopédique pour les interventions au genou, à la hanche et à la colonne vertébrale[1]. Fort de ses innovations technologiques, le fondateur recevra rapidement des marques de reconnaissance publique. En 2002, la Banque Nationale du Canada lui octroie le prix de la Meilleure PME (petite et moyenne entre-

1. *Bloomberg Businessweek*, 19 décembre 2011.

prise); en 2004, la Chambre de commerce du Montréal métropolitain souligne son leadership en lui remettant le prix du Jeune entrepreneur de l'année; en 2005, c'est au tour de la Faculté de médecine de l'Université de Montréal de souligner ses réalisations des 10 dernières années en lui remettant une médaille d'or; la même année, il gagne le prix Genesis pour son entrerpeneurship dans le domaine des sciences de la santé. Enfin, en 2007, OrthoSoft est reconnue parmi les 50 entreprises connaissant la plus forte croissance à la Bourse TSX Venture.

Le jeune entrepreneur a une triple formation universitaire: une maîtrise en génie électronique obtenue à l'École Polytechnique de Montréal en 1988, un doctorat en médecine obtenu en 1995 et une maîtrise en sciences biomédicales obtenue en 1997, diplômes décernés par l'Université de Montréal. Entre 1995 et 2000, il se spécialise en chirurgie orthopédique pour finalement entreprendre, en 2001, à l'université Johns Hopkins, de Baltimore, une surspécialisation en techniques de reconstruction de la colonne vertébrale. Il est rattaché depuis 2001 à l'hôpital Maisonneuve-Rosemont de Montréal où il s'occupe de patients en oncologie de la colonne vertébrale.

C'est lors d'un stage médical en 1993 à l'hôpital Sainte-Justine pour enfants de Montréal que le jeune étudiant en médecine s'intéresse à la chirurgie assistée par ordinateur. Le Dr Amiot entreprend alors des recherches sur la scoliose aux côtés du Dr Hubert Labelle, pédiatre orthopédiste.

La chirurgie assistée par ordinateur englobe l'ensemble des systèmes qui guident parfaitement le chirurgien tant dans ses diagnostics que dans l'installation des prothèses orthopédiques. Grâce à l'imagerie en 3D et en couleurs, les coupes dans les tissus deviennent très claires et précises et réduisent les risques d'erreurs, de complications, de douleur ainsi que la durée de la convalescence postopératoire. La chirurgie assistée par ordinateur est en pleine expansion depuis 15 ans et a plusieurs autres applications possibles, telles que la chirurgie à distance et la chirurgie mini-invasive.

En 2004, OrthoSoft devient une entreprise publique (OSH) cotée à la Bourse TSX Venture. L'argent ainsi levé servira à créer une force de vente dédiée au marché américain. En l'espace de deux ans, les revenus vont passer de 9,5 à 12,7 millions de dollars. Le modèle d'affaires d'OrthoSoft est centré sur l'utilisation de systèmes installés dans les salles d'opération et sur la vente de produits de chirurgie jetables, plus spécifiquement les Navitracker®.

Cette entreprise franchit une autre étape lors de sa vente en novembre 2007 au géant américain Zimmer, qui était déjà un partenaire pour la distribution de ses produits aux États-Unis. Fondée en 1927 et basée à Warsaw, Zimmer conçoit, développe, fabrique et commercialise des appareils orthopédiques. Elle étend ses activités dans les plus grandes régions du monde, dont l'Amérique, l'Europe et l'Asie-Pacifique. Ses ventes dépassent les 4 milliards de dollars. Nous montrerons dans ce qui suit comment OrthoSoft a pu évoluer à la suite de son acquisition par Zimmer grâce à sa culture organisationnelle et à son modèle de leadership partagé.

Un leadership horizontal

Le groupe implanté à Montréal est divisé en trois équipes principales : une équipe est dédiée au développement des produits, une deuxième est chargée de la production et une dernière a pour mission la commercialisation et la vente des produits. S'ajoutent à ces trois équipes les personnes responsables du contrôle et du suivi de la qualité.

La mission que poursuivent les différentes équipes d'OrthoSoft est partagée par tous : développer et rendre accessibles aux médecins des logiciels et des instruments (guides de coupe) permettant d'augmenter continuellement la précision des chirurgies orthopédiques du genou, de la hanche et de l'épaule. Que ce soient les concepteurs, les programmeurs ou le personnel affecté au contrôle de la qualité, tous partagent cette volonté collective.

Le leadership exercé au sein d'OrthoSoft est caractérisé par une même mission et une même passion chez tous les collaborateurs, des valeurs communes, des modes de communication très ouverts et inclusifs et une prise de décisions partagée qui entraînent une coresponsabilité dans l'atteinte des résultats et des efforts requis pour réussir.

Des visites régulières chez OrthoSoft permettent d'observer la passion qui guide le travail de chacun. Les heures ne sont pas comptées ; au besoin, certains travaillent le soir et les fins de semaine. Il y règne une atmosphère très concentrée et attentive. Manifestement, tous éprouvent du plaisir à se retrouver ensemble et sont fiers de leur travail. Comme le dit le Dr Amiot : « Si je suis encore ici [après la vente], c'est que j'éprouve beaucoup de plaisir à faire ce travail avec toute mon équipe, et mon équipe éprouve beaucoup de plaisir à se retrouver ici. »

Le Dr Amiot démontre une passion pour les produits développés, un intérêt infatigable pour les défis que comportent les technologies révolutionnaires et une capacité de s'adapter à tous les types de personnalité en s'assurant que chaque personne agit selon les valeurs de l'équipe et dans l'intérêt des innovations. Les principaux membres d'OrthoSoft insistent pour expliquer comment le dialogue et l'ouverture aux idées et aux critiques constructives font partie de l'ADN de cette organisation et de son fondateur, dont la confiance et l'exigence libèrent du même coup leur capital de créativité. C'est ce qui ressort non seulement des entretiens avec les équipes, mais également des observations réalisées lors de différentes réunions de groupe. Le leadership du fondateur d'OrthoSoft se définit autour de trois axes :

1. Bâtir continuellement la confiance de ses équipes en leur capacité de réussir.
2. Exercer une autorité morale (et non verticale) auprès de ses collaborateurs en méritant leur respect et leur confiance tout en reconnaissant l'autonomie de chacun au lieu d'imposer ses propres façons de faire.
3. Valoriser les partenaires et s'en faire de précieux collaborateurs dans l'accomplissement de la mission commune.

Les principales caractéristiques de la culture d'OrthoSoft dérivent de ses valeurs de base, c'est-à-dire une passion partagée pour le développement des systèmes de chirurgie assistée par ordinateur, une forte orientation clientèle, le respect mutuel, la confiance et l'engagement de chacun.

Depuis ses débuts, OrthoSoft peut être décrite comme une entreprise horizontale sans rapports d'autorité entre ses membres. Chacun est valorisé pour sa contribution et traité également tant qu'il partage les efforts et les objectifs du groupe. À titre d'exemple, les réunions régulières sur différents sujets, les réunions prévues au calendrier et les réunions spontanées sont ouvertes à toute personne intéressée. Cette façon de collaborer sera reproduite avec les nouveaux collègues américains, car c'est moins le statut et le rôle qui importent que les synergies possibles. Édith Luc les a d'ailleurs vus à de multiples reprises s'inviter discrètement à diverses rencontres et intervenir au besoin sans autre formalité.

Il n'est pas rare non plus que lorsqu'un développeur discute avec un collègue d'un pépin dans le développement d'un logiciel, les autres membres de l'équipe, situés à proximité, interrompent leur travail afin de parler du problème et des solutions possibles. Cette attitude est attribuable en partie aux communications ouvertes de même qu'au comportement du fondateur, qui n'hésite pas à partager toutes les informations et les connaissances, et parfois même, dit-il, ses états d'âme. Ce faisant, il expose à ses collaborateurs les résultats visés et les efforts requis pour les obtenir ; cela se fait continuellement grâce aux communications qui circulent entre tous les membres.

Il règne aussi un climat de respect mutuel chez OrthoSoft où personne ne dénigre ni ne critique négativement ses collègues. Les problèmes ou les enjeux de performance sont abordés ouvertement ; ils sont centrés sur la compréhension de la situation, puis sur la recherche de solutions. Les membres n'ont pas peur d'affronter la rétroaction directe, ni de prendre des décisions difficiles, car le but n'est pas de trouver des coupables, mais des solutions. Ainsi, les membres se sentent coresponsables des résultats à atteindre, des efforts à faire pour y arriver, de la qualité à maintenir ainsi que des budgets à respecter.

Un autre aspect de la culture d'OrthoSoft concerne la prise de décisions, qui est ouverte et partagée, concernant notamment l'embauche de nouvelles recrues. Tous les membres participent à divers degrés au processus de recrutement et de sélection, soit pour définir les caractéristiques des candidats recherchés, soit pour rencontrer ces derniers au cours d'une première entrevue ou encore pour les rencontrer pendant leurs premières visites dans les installations de l'entreprise. Un candidat est ainsi rencontré par presque tous les membres, de façon formelle ou informelle, souvent en petits groupes de trois ou quatre personnes, et ce, avant qu'une décision finale ne soit prise. Tous auront leur mot à dire sur l'embauche d'un candidat, car il s'agit d'une décision collective.

Il va sans dire que lorsqu'un nouveau collaborateur est retenu, son intégration devient l'affaire de tous. Selon les données fournies par la responsable des services administratifs, le taux de roulement dans l'entreprise est pratiquement inexistant et la performance des nouveaux collaborateurs s'avère à la hauteur des attentes, puisque près de 90 % des candidats retenus et intégrés de cette façon livrent les résultats attendus. Ce pourcentage est beaucoup plus élevé que ce que les études révèlent au sujet du taux de succès lorsque le recrutement est fait par une seule personne (25 %), et même lorsque le recrutement est accompagné d'autres sources d'informations telles que les évaluations psychométriques ou les entrevues comportementales (75 %)[2]. Comme tous les membres se sentent coresponsables de la performance, la décision est aussi collective lorsque le contrat d'embauche avec un employé doit être interrompu.

On porte une attention particulière à l'intégration des nouveaux venus ; on leur explique l'histoire d'OrthoSoft, les valeurs, les comportements désirés, les exigences de qualité, le respect mutuel et la collaboration attendus entre tous ainsi que la responsabilité de chacun face aux autres. Et quoi de mieux pour susciter la mobilisation et l'engagement qu'un contact direct avec les chirurgiens et leurs patients ? Le Dr Amiot poursuit lui-même l'intégration des nouveaux venus en les invitant à l'hôpital, où ils peuvent observer le déroulement de chirurgies orthopédiques. Ces observations permettent aux recrues, souvent des développeurs de logiciels, de bien comprendre les applications futures de leur contribution au sein de leur nouvelle équipe.

Le personnel se rencontre aussi régulièrement, presque sur une base quotidienne, afin de recevoir la rétroaction et les commentaires, de prendre connaissance des problèmes et de discuter des solutions possibles. Non seulement cette façon de faire permet de maintenir un dialogue continu avec les équipes, mais elle démontre concrètement les comportements attendus de communication entre chacun, c'est-à-dire l'ouverture, la transparence et l'authenticité, tout en réitérant le sentiment d'urgence quant à la livraison des produits de très haute qualité et à la fiabilité dans les délais prescrits. Plusieurs initiatives sont prises aussi afin que tous comprennent bien les besoins des clients, les attentes des partenaires et les défis auxquels fait face l'entreprise, les lieux d'échange sur ces sujets étant ouverts.

L'exercice plus collectif et généralisé du leadership chez OrthoSoft est certes facilité par sa taille relativement petite. En effet, un groupe restreint de personnes parrainé par un leader tel que le Dr Amiot a davantage d'interactions, ce qui favorise un processus d'influence dynamique et réciproque. Cependant, tous les groupes restreints ayant à leur tête un entrepreneur n'adoptent pas pour autant un leadership partagé. Cela

2. B. Bass (1991), *Bass & Stogdhill's Handbook of leadership : Theory, research & managerial applications*, New York, The Free Press, p. 857-878.

dépend des personnes, de leurs valeurs, de leur style respectif ainsi que du parrainage du leader détenant une autorité formelle.

Une intégration fragile

En 2007, Zimmer achète OrthoSoft, qui devient du même coup Zimmer CAS. La transaction est vue comme une bonne nouvelle par la jeune entreprise montréalaise, car dorénavant il y aura davantage de fonds disponibles pour la recherche et le développement, sans compter qu'un réseau élargi de vente et de distribution amènera assurément une augmentation des revenus. De plus, les perspectives de carrière viennent de s'ouvrir, Zimmer ayant plus de 8 500 employés répartis dans les grandes régions du monde. Bref, les attentes sont élevées.

Mais comme dans tout projet d'envergure, des difficultés surviennent dès les débuts. Les systèmes et les cultures organisationnelles des deux entreprises sont différents. Que ce soient les réseaux de communication, les systèmes financiers, les systèmes de contrôle de qualité, les règles de fonctionnement, les façons de faire propres à la gestion de projets ou les philosophies de gestion, les divergences freinent la collaboration entre les deux entités. En outre, ces dernières n'ont ni le même plan d'action, ni les mêmes préoccupations.

L'équipe de Zimmer chargée de l'intégration doit réaliser son mandat dans des délais bien précis, alors que l'équipe qu'est maintenant Zimmer CAS cherche plutôt à définir un modèle d'affaires qui, tout en lui permettant de garder les points forts de sa culture organisationnelle d'antan, serait accepté par Zimmer. S'appuyant sur son agilité entrepreneuriale et son esprit créatif, Zimmer CAS propose un modèle d'affaires visant, grâce à ses innovations, à changer les règles du jeu au sein de Zimmer. Ce modèle est loin de faire l'unanimité et le personnel aura fort à faire pour convaincre les décideurs et attirer leur attention. Quelques responsables chez Zimmer, fidèles à leur vocation manufacturière et étrangers à la décision d'acquérir OrthoSoft, croient qu'il ne sert à rien d'investir dans le développement de la chirurgie assistée par ordinateur, craignant que cela les éloigne de la production d'implants orthopédiques. D'autre part, l'entreprise nouvellement intégrée ne représente que 1 % des revenus générés par le géant américain. Le capital d'influence de Zimmer CAS est donc dès l'origine assez limité.

En plus de leur importance marginale au sein de Zimmer, les collaborateurs doivent composer avec de nombreuses formalités bureaucratiques, normales dans une entreprise publique de cette taille, mais contraignantes pour la division montréalaise habituée à plus d'autonomie et de souplesse dans la prise de décisions. Dès les débuts de l'intégration, certains quittent l'entreprise et d'autres songent sérieusement à partir.

La situation devient de plus en plus inconfortable pour la petite entreprise, d'où la première rencontre d'Édith Luc à ses bureaux au printemps 2008. Le moral des équipes lors de cette rencontre est plutôt bas. Bien qu'elles croient en leurs capacités techniques de réussir, elles éprouvent de plus en plus de difficulté à imaginer leur avenir chez Zimmer. Outre les raisons du désarroi mentionnées précédemment, on révèle les déceptions liées au départ de personnes responsables de l'acquisition chez Zimmer qui, convaincues de leur valeur ajoutée au sein de Zimmer, étaient fort dédiées à sa réussite. S'ajoutent à ces désillusions une force de vente considérablement réduite, dispersée et peu entraînée à vendre les systèmes de chirurgie assistée par ordinateur de même que le statut incertain du président-fondateur, le Dr Amiot, dont le rôle dans Zimmer CAS n'a pas encore été confirmé.

Les résultats des entretiens individuels réalisés par Édith Luc auprès des partenaires des deux côtés de la frontière de même que l'audit des deux cultures organisationnelles indiquent qu'il faudra déployer des efforts afin de réussir cette collaboration annoncée. Les membres de Zimmer CAS ont beaucoup de défis à relever afin de comprendre la culture de Zimmer, de s'y adapter et d'acquérir un sentiment d'appartenance. Mentionnons que les jeunes professionnels de Montréal n'ont connu qu'un seul employeur, qu'ils sont peu familiers avec la culture d'une grande entreprise comme celle de Zimmer et qu'ils sont étrangers aux processus administratifs régis par un siège social situé à plus de 1 000 kilomètres. Par ailleurs, leurs vis-à-vis au siège social de Zimmer ne saisissent pas la valeur ajoutée de cette acquisition ou bien s'en désintéressent tout simplement à cause de leurs priorités qui se trouvent ailleurs et de la distance physique qui sépare les deux entités. Les membres d'OrthoSoft vivent un choc culturel. Leurs forces résident néanmoins dans leur passion, leur esprit d'équipe et leur volonté commune de développer des logiciels de très haute qualité au service des médecins et des patients.

Les ponts d'une nouvelle collaboration

L'habitude d'OrthoSoft de travailler en leadership partagé[3] lui permettra de changer la tournure négative que prenait son intégration au sein de Zimmer. En effet, ses membres avaient acquis le réflexe de s'exprimer ouvertement, de discuter des problèmes sans considération de leur rôle ou de leur statut dans l'entreprise et de travailler conjointement avec leurs partenaires afin de découvrir des solutions. Mais cette fois-ci, le défi qu'ils affrontent n'est pas technique. Ils doivent faire en sorte que leur intégration à Zimmer soit un succès, sans quoi les logiciels sur lesquels ils travaillent depuis si longtemps risquent de ne plus voir le jour dans les salles d'opération.

C'est cette mentalité de leadership exercé par tous qui les amenera à s'adresser directement à la haute direction de Zimmer, et en particulier lors de la visite prévue des hauts dirigeants à Montréal. Ces visiteurs se situent à trois niveaux hiérarchiques au-dessus du Dr Amiot. Dix jeunes professionnels préparent une présentation destinée aux visiteurs venus de Warsaw. Cette initiative représente un certain risque, puisque les cadres supérieurs qui se retrouveront devant eux ont beaucoup de pouvoir sur la suite de leurs carrières.

Aucune permission n'est demandée à qui que ce soit, ni au Dr Amiot, ni aux responsables américains du programme de la journée, car le paradigme dominant est de tout faire pour que se poursuive le développement des logiciels dans l'esprit de collaboration qui est celui de l'équipe. La présentation se déroule dans leur deuxième langue, en anglais, ce qui constitue aussi un défi en soi, puisqu'ils ne sont pas vraiment bilingues. Cette présentation allait marquer un tournant dans leur histoire.

Les professionnels passionnés qui prennent la parole devant les supérieurs hiérarchiques de Zimmer sont des informaticiens, des ingénieurs, âgés pour la plupart de 35 ans et moins. Ils expriment leurs idées et leurs attentes aux représentants du géant américain en soulignant l'importance d'encourager la collaboration entre eux et les divers services afin que tout le monde connaisse la réussite. Les présentateurs poussent l'audace en

3. Cette habitude de travailler selon le leadership partagé inclut les éléments suivants: définir un but commun, savoir tenir des conversations courageuses et engager un dialogue authentique, collaborer à l'atteinte de la mission commune, se respecter mutuellement, se faire confiance et partager les responsabilités.

insistant, d'une part, sur les besoins de financement en recherche et développement et, d'autre part, sur l'importance d'un réseau élargi de vente et de distribution. Dans les organisations traditionnelles, ce genre de demandes est habituellement le privilège du chef de programme, mais ici c'est toute l'équipe qui décide d'elle-même de communiquer les conditions de son futur succès, sans s'en remettre à qui que ce soit d'autre et tout en étant encouragée par tous.

Michel, l'un des porte-parole de l'équipe, explique que « les problèmes ne sont jamais aussi bien réglés que par ceux qui les vivent de près », surtout si l'on partage volontiers les informations, les connaissances et les outils de prise de décisions[4]. Il énonce ainsi à ses hôtes un des principes du leadership partagé, soit la responsabilisation et l'autonomie pour agir dans son rayon de responsabilités.

Lors de cette réunion, les divers porte-parole attestent de leur façon collaborative de décider en décrivant précisément les valeurs qui guident leurs actions et leurs décisions :

1. Nous voulons faire les bonnes choses.
2. Nous sommes à l'écoute de nos clients.
3. Nous voulons travailler en équipe ensemble, ici et avec vous.

Un changement d'orientation vient de s'amorcer dans l'intégration de Zimmer CAS et dans ses rapports avec le siège social américain. L'influence vient maintenant du bas vers le haut et permet aux décideurs américains de mieux saisir le potentiel de valeur ajoutée de leur nouvelle acquisition. Les communications honnêtes et directes, la pertinence et le bien-fondé des requêtes, l'ampleur de la mobilisation de l'équipe de Montréal de même que son fort désir de collaboration ont convaincu la haute direction. Ils comprennent rapidement qu'ils font face à un modèle d'affaires différent qui demande un changement d'approche plutôt que l'application rigide des formalités et des procédures de l'entreprise manu-

4. Selon les résultats d'une étude réalisée par H. Ibara, professeur de leadership et d'apprentissage à Insead, et M.T. Hansen, professeur à l'université de Californie à Berkeley, la flexibilité, la rapidité dans la prise de décisions et la fluidité sont des facteurs clés de l'innovation. La rigidité des procédures administratives n'a pas sa place au sein des entreprises innovantes. Voir leur article intitulé « Are you a collaborative leader ? », *Harvard Business Review*, vol. 89, n° 7-8, juillet-août 2011.

facturière. Ils se rendent à l'évidence que, pour laisser libre cours à l'innovation technologique et à la mobilisation en dehors des normes, ils doivent s'y prendre différemment.

Des actions suivent assez rapidement : les plateformes technologiques plus efficaces pour tester les logiciels sont rendues accessibles ; des procédures administratives sont simplifiées afin d'augmenter l'autonomie ; et certaines décisions sont confiées à l'équipe de Montréal plutôt que centralisées au siège social de Warsaw. De plus, le Dr Amiot est confirmé dans son rôle de chef divisionnaire de Zimmer CAS.

Parallèlement à cette initiative, David Dvorak et son équipe entreprennent de recentrer les valeurs de l'entreprise et de réduire les formalités bureaucratiques. Les valeurs centrales deviendront le lien unificateur entre les deux entités, puisqu'elles sont sensiblement les mêmes : les clients en premier ; faire les bonnes choses ; innover et s'améliorer ; réussir ensemble à travers les résultats et se dédier aux personnes. De plus, Dvorak a fait de nombreuses visites à Montréal afin de s'assurer de saisir l'ampleur des avancées réalisées par la division technologique, s'efforçant du même coup de bien communiquer la mission, la vision et les valeurs de Zimmer. Sa disponibilité aux équipes et son écoute attentive ont permis de rapprocher encore davantage les deux entités.

Ce revirement de situation n'aurait pas été possible sans la culture de leadership partagé antérieure à la décision des professionnels de s'affirmer devant les dirigeants de Zimmer ; sans leur compréhension partagée des défis ; sans leur capacité accrue de faire valoir leurs opinions dans l'intérêt de la mission commune, sans égard au statut hiérarchique ; et sans la vision de leur nouveau président, David Dvorak.

Selon le Dr Amiot et ses collaborateurs, David Dvorak a enraciné encore davantage le leadership partagé tant dans cette division qu'au siège social en renforçant le poids de leur but commun. Il s'est assuré que la division montréalaise pourrait travailler de concert avec les unités d'affaires de Zimmer tout en lui laissant l'autonomie nécessaire à son dynamisme et à son esprit entrepreneurial. En d'autres mots, Dvorak a donné à la division montréalaise une dose supplémentaire de leadership partagé grâce à la collaboration qu'il a su valoriser de la part de toutes les parties prenantes.

Les ponts sont dorénavant établis entre les deux entités : les valeurs sont communes et partagées, il existe une meilleure compréhension, un respect mutuel et une plus grande collaboration entre les différents partenaires. Et ce leadership partagé consolide la mise en commun de leur intelligence collective.

Les bénéfices du leadership partagé

Les conséquences de l'exercice de leadership partagé chez Zimmer CAS n'ont pas été mesurées de façon quantitative, mais il ressort, à la lumière des entretiens et des observations, que le processus de leadership partagé y a apporté des bénéfices uniques tant sur le plan de la performance que sur celui de la maturité professionnelle des personnes concernées.

En effet, l'étude du profil du leadership partagé de cette société technologique en phase d'intégration a mis en relief, outre la passion entourant la mission commune, la forte présence d'un sentiment d'inclusion chez tous ses membres. La libre participation de tous les membres à toutes les rencontres, le partage sans réserve des informations, des connaissances et des décisions ont certes joué un rôle déterminant dans la formation de ce sentiment d'inclusion. De plus, la confiance et le respect ainsi communiqués ont amené les personnes à agir comme des propriétaires du projet commun, en prenant des initiatives, en décidant d'eux-mêmes, en encourageant les collègues et en poursuivant leurs efforts malgré les difficultés. Ils n'hésitent pas non plus à consacrer plus d'heures à leur travail lorsque cela est nécessaire, tout en demeurant sensibles aux paramètres de temps et de budget. Leur contribution n'est pas gouvernée par leur strict rôle ou le diktat du temps, mais bien par le développement et la livraison de produits de très haute qualité.

Le leadership partagé a aussi permis dans ce groupe un apprentissage continu dû à la fluidité des communications, au partage des connaissances et des défis techniques à relever. Pour une entreprise innovante comme Zimmer CAS, cet apprentissage continu est l'une des clés de son succès.

Non seulement le leadership partagé a favorisé la performance, mais il a aussi permis aux individus de devenir plus aptes à exercer leur leadership à un rythme beaucoup plus rapide que dans les organisations traditionnelles ou autocratiques où domine le contrôle des personnes. Être inclus dans tous les types de discussions, participer activement à la prise de décisions, décider de l'embauche de collègues et être responsables de leur intégration, partager les rôles de direction de réunions, être reconnus pour la prise d'initiatives, tout cela augmente le jugement professionnel et la capacité des individus de se guider eux-mêmes et de guider les autres (car le Dr Amiot n'est pas toujours présent). Leur sentiment d'exercer une influence sur les autres et de les mobiliser s'en trouve du coup renforcé. S'ensuivent plus d'efforts, de persévérance et une performance accrue. Bref, la spirale positive est enclenchée.

Trois ans plus tard, Édith Luc constate sur place et au cours d'entretiens subséquents avec le Dr Amiot et quelques-uns de ses collaborateurs que la division montréalaise opère encore davantage selon le leadership partagé. Son désir de tout faire pour atteindre la mission particulière de sa division est encore plus fort. Et même si le nombre de collaborateurs a considérablement augmenté, tous ont accès à l'information dont ils ont besoin ou qu'ils souhaitent avoir. Et toute personne qui le désire peut encore, selon ses champs d'intérêt, assister à n'importe laquelle des réunions prévues au calendrier et dont les objectifs spécifiques sont connus de tous. À titre d'exemple, les réunions du lundi ont trait aux nouvelles technologies, celles du mardi aux guides de coupe et celles du mercredi aux ventes et au marketing. Je remarque aussi que la confiance des collaborateurs en eux-mêmes et en leur propre leadership s'est renforcée au fur et à mesure que l'on a répondu à leurs demandes et qu'ils ont connu des progrès dans le développement de leurs produits. Enfin, selon un sondage Gallup interne, la satisfaction et la mobilisation des salariés de Zimmer CAS révèlent des résultats très élevés.

Cette acquisition s'avère donc un succès à ce jour. Mais les paramètres de leadership partagé se traduisant par le partage des connaissances, des responsabilités, des décisions et de la cible commune vont-ils se maintenir ? Et dans quelles conditions ?

Quels défis devra affronter la grande équipe de Zimmer CAS ?

* * *

Au dire même du Dr Amiot, la croissance rapide de Zimmer CAS ces dernières années amène une spécialisation des rôles et des tâches et risque de créer des silos où chaque individu, chaque équipe se concentrera exclusivement sur ses projets avec ses propres défis et ses propres échéances. Il y aura alors moins de capital collectif de leadership et davantage de concentration d'intérêts à l'intérieur de chacune des équipes. Cette tendance émergente est de nature, selon lui, à faire perdre « l'homogénéité, la cohésion du début qui était la recette du succès », alors que chacun mettait son capital intellectuel au service d'une intelligence collective et de la mission commune.

Pour contrer cette tendance, il faudra faire des efforts afin de préserver la fibre de cohésion, de collaboration et de leadership autour de la mission commune, par exemple en énonçant les valeurs et les comportements attendus de collaboration et de leadership de la part de tous ; en favorisant les liens d'interdépendance, de communication et d'apprentissage entre les équipes ; en multipliant les rencontres formelles et informelles ; en augmentant les occasions où chacun peut exercer son leadership (présentations au siège social, direction de comités, négociation de partenariats, participation aux embauches, etc.).

Enfin, un plan de relève pour le Dr Amiot lui-même doit être prévu afin de désigner et de développer ses successeurs potentiels. Même si le leadership partagé est l'affaire de tous, il n'en demeure pas moins que les individus à la tête des équipes peuvent facilement limiter son expression, d'où l'importance de bien choisir et développer les personnes qui peuvent le mieux incarner ce leadership partagé. Car, comme le dit le Dr Amiot : « Il ne suffit pas d'inciter le personnel à s'engager pour qu'il se mobilise, il faut agir comme s'il était engagé : traiter les individus en adultes, les informer, les consulter, leur demander des propositions d'amélioration, respecter et valoriser leur autonomie, implanter leurs idées selon des critères explicites et le faire de façon transparente et authentique. »

CHAPITRE 7

L'école Tourterelle : pour la réussite et le bien-être des enfants[1]

L'école Tourterelle a gagné son pari de mettre la collaboration de tous au cœur de la réussite de ses élèves. Éducateurs, administrateurs, professionnels, parents et même enfants sont tous partenaires dans le projet éducatif de l'école. La responsabilité est vraiment partagée tant dans l'atteinte des résultats que dans les moyens mis en place pour y arriver, alors que chacun reconnaît le rôle qu'il doit jouer. En plus du partage d'un but commun, la prise de décisions sur tout ce qui concerne l'école est elle aussi collective. Cette expérience de leadership partagé est vécue depuis plus de 36 ans dans cette école primaire située sur la Rive-Sud de Montréal. Cet exemple illustre comment pourraient s'appliquer les recommandations de l'OCDE en matière de leadership partagé pour le succès des élèves.

Une étude récente de l'Organisation de coopération et de développement économiques (OCDE) révèle que l'amélioration du leadership dans les écoles constitue un défi mondial (2011) et est devenue une priorité de plus en plus urgente pour de nombreuses nations. Cette organisation, vouée à la promotion de politiques visant à améliorer le bien-être économique et social partout dans le monde, recommande que le leadership dans les écoles soit conçu et exercé plus largement que dans les positions

1. Une première description de ce cas est apparue dans l'article signé par Édith Luc et Huguette Drouin dans *Le point en administration de l'éducation*, vol. 14, n° 1, rentrée 2011.

formelles d'autorité[2]. Cette institution, qui conseille plus de 34 pays membres, suggère que le leadership soit distribué au sein des écoles, c'est-à-dire que le leadership soit partagé entre tous les acteurs clés du système de l'école.

L'OCDE recommande que le leadership dans les écoles soit appréhendé comme un concept large où la légitimité de guider n'est pas l'apanage d'une personne, mais où le leadership peut être distribué entre différentes personnes à l'intérieur de l'école et même au-delà de ses murs, soit les parents, d'autres écoles et la communauté dans son sens large. Le leadership d'une école est donc celui de tous les individus pouvant exercer des actions d'influence et de mobilisation. Cela concerne non seulement les directeurs, les cadres dirigeants et les équipes de tous types, mais également les enseignants, les professionnels, le personnel de soutien et les parents eux-mêmes.

Cette recommandation de l'OCDE s'inscrit dans la foulée des résultats de nombreuses études menées par leurs experts sur les thèmes de la performance scolaire et qui concluent que le leadership, concept distinct de la direction ou de l'administration, se doit d'être distribué et partagé entre divers acteurs au sein de l'école et de la communauté.

Plusieurs raisons amènent l'OCDE à formuler cette position. Le rôle du directeur comme leader unique conçu pour répondre aux besoins du passé n'est plus approprié devant les défis d'aujourd'hui et de demain. L'ampleur de ses tâches ne lui permet pas non plus de répondre seul à la complexité des enjeux dans l'école. Il est aussi reconnu que les initiatives de changement prises par un directeur et reposant exclusivement sur ses épaules ont de fortes chances de s'estomper dès son départ, ce qui a pour effet de fragiliser tous les efforts d'amélioration. Le rendement scolaire lui-même serait moins lié au leadership provenant de la direction qu'à la qualité du leadership pédagogique exercé par les personnes qui ont des rapports directs avec les élèves. La pratique consistant à investir uniquement dans le leadership individuel de quelques-uns devient de plus en plus limitative.

Mieux vaut donc insuffler une culture participative où les acteurs, engagés autour du projet éducatif de l'école, assistent, mobilisent et

2. B. Pont, D. Nushe et H. Moormang (2008), Improving school leadership, OCDE, vol. 1 : *Policy and Practice*. Voir www.oecd.org/edu/schoolleadership.

influencent leurs partenaires, prennent des initiatives et des décisions. Le leadership collectif dans une telle culture représente une valeur plus durable que le leadership éphémère des membres de la direction. Qui plus est, une culture de leadership partagé facilite le développement de la relève aux postes de direction ; celle-ci se voit davantage appuyée que ne l'ont été ses prédécesseurs, lesquels étaient souvent isolés dans leur sphère hiérarchique.

Notons que l'OCDE n'est pas seule à constater le besoin de partager le leadership pour inclure tous les partenaires dans le rendement scolaire des élèves. Une revue de la littérature réalisée par le ministère de l'Éducation de l'Ontario sur le leadership et la performance scolaire va dans le même sens, constatant le besoin d'un leadership partagé au sein des écoles et des conseils scolaires. De plus, une étude comparative réalisée par Elmore (2000) dans différents conseils scolaires américains conclut également que les leaders des écoles ayant les meilleures performances exercent leur leadership de manière très différente des leaders traditionnels. Cet auteur présente le leadership distribué comme la méthode essentielle qui caractérise le leadership dans les écoles ayant une bonne performance. Un nombre croissant d'auteurs des milieux scolaires reconnaissent de plus en plus l'importance de faire appel à une autre forme de leadership appelé soit « partagé » ou « distribué », et ce, pour que s'inscrive dans ces milieux une véritable culture de mise en commun des capacités individuelles pour la réalisation du projet éducatif.

Le profil faisant l'objet de ce chapitre porte sur l'école primaire Tourterelle qui, depuis 1976, travaille selon le leadership partagé. La description de ce profil a été rendue possible grâce à des entretiens menés par Édith Luc et Huguette Drouin avec Jean-Pierre Picard, enseignant, puis directeur de l'école, la directrice qui l'a succédé, Lyne Labrecque, et Annie Cliche, mère de quatre enfants qui fréquentent cette école et présidente du conseil d'établissement. Divers documents ont également été consultés.

Une initiative communautaire

En 1974, un groupe de parents de Brossard, en banlieue de Montréal, décide de fonder une école alternative, c'est-à-dire une école publique dont le fonctionnement et les principes visent à permettre un véritable partenariat entre les parents et les enseignants, et à favoriser ensemble des approches participatives et communautaires. Ces parents souhaitaient non seulement un système éducatif différent pour leurs enfants, mais aussi un environnement où ils seraient parties prenantes des décisions et de la vie de l'école.

Au cœur des principes de fonctionnement des écoles alternatives, il y a la participation et la coopération, le respect des différences individuelles de même qu'une gestion participative entre les parents, la direction, les enseignants et les membres du personnel. Toute école alternative vise le développement de l'enfant comme membre à part entière d'une société démocratique. Au Québec, on dénombre une trentaine de ces écoles, dont plus des deux tiers sont de niveau primaire pour des enfants dont l'âge varie de 5 à 12 ans. L'école Tourterelle est la quatrième école alternative à avoir vu le jour au Québec.

Pour réaliser leur projet, les fondateurs de l'école Tourterelle commencent par mettre sur pied un comité de recherche et développement visant à leur permettre de se documenter avant d'en arriver à prendre une décision. Les conclusions du comité les amènent à poursuivre leur projet et à faire les représentations nécessaires auprès du ministère de l'Éducation, du Loisir et du Sport du Québec par l'intermédiaire du Conseil des commissaires de leur région administrative. Cette instance décisionnelle appuiera finalement leur demande et permettra l'ouverture de l'école Tourterelle, qui accueillera ses premiers élèves en septembre 1976. L'école suit les programmes du Ministère mais les complète grâce à une approche centrée sur le rythme de l'enfant et la réalisation de ses projets.

Quelles sont les spécificités de ce profil de leadership partagé ? Qu'est-ce qui distingue cette école des autres écoles ? Quels sont les principes de son fonctionnement et quels en sont les résultats ? Et quelles leçons peut-on en tirer pour d'autres applications possibles ?

Des valeurs communes, claires et partagées

L'école Tourterelle est d'abord et avant tout une communauté égalitaire tant dans ses principes que dans son fonctionnement. Chacun y assume une responsabilité de coéducation de l'enfant dans un partenariat entre les parents, les enseignants, la direction et tous les autres intervenants.

Non seulement ils sont tous partenaires à l'égard de l'éducation de l'enfant, mais ils assument une responsabilité partagée à l'égard de la vie même de l'école.

L'école Tourterelle considère parmi ses valeurs fondamentales que la réussite d'un élève s'apprécie durant tout son parcours, que chacun a son propre rythme et ses propres défis d'apprentissage. Comparer l'un avec les autres élèves, aux mêmes moments et sur des mêmes critères ne rend pas justice à la complexité du développement de chacun. Ce qui compte surtout, c'est de permettre à l'élève de faire des apprentissages qui ne sont pas contraints dans un temps précis; d'envisager l'apprentissage comme une fin en soi, comme un mode de vie. Bien que chaque élève doive acquérir les notions de français, de mathématiques et d'anglais langue seconde, il le fait dans divers projets et selon l'évolution de son être dans un environnement physique et humain propice à son développement holistique. Ces valeurs éducatives sont communes à tous les partenaires de la grande communauté de l'école Tourterelle. C'est pour cette raison que les parents inscrivent leurs enfants à cette école et que les enseignants d'ailleurs viennent se joindre à l'équipe en place.

Les valeurs pédagogiques, humaines et sociales de l'école sont contenues dans le projet éducatif et concrétisées dans la cogestion et la coéducation des enfants.

Un projet éducatif autour d'une même mission

Les membres de la communauté de l'école Tourterelle que sont les parents, les enseignants, la direction et les autres employés s'engagent dans une même mission: faire en sorte que l'enfant soit le principal agent de sa formation, en créant avec et pour lui une pédagogie qui lui permettra de développer sa confiance en ses capacités à vivre et à apprendre. Pour y arriver, tous acceptent de participer à la réflexion, à la recherche, à la prise de décisions et à l'action afin de répondre aux besoins des enfants tout en les aidant à se responsabiliser. Outre le bonheur et l'éducation de l'enfant, l'un des buts poursuivis est le développement de la compétence parentale, non comme un objectif à atteindre, mais comme un moyen de poursuivre l'éducation de l'enfant dans son milieu. Le dialogue entre les divers intervenants porte sur la réalité vécue quotidiennement avec les enfants, les leurs et ceux des autres. Et c'est de cette façon que se développe la compétence parentale, complétée par les diverses séances d'information, de coformation et de coéducation.

Toutes les écoles du Québec doivent définir leur projet éducatif, mais ce qui distingue l'école Tourterelle des autres écoles publiques, c'est le cadre de fonctionnement selon le leadership partagé qui porte sur les buts, sur l'importance donnée à la prise de décisions conjointe concernant l'école, sur les formations mutuelles, sur la coéducation, sur le comité mixte de recherche et développement, en plus de l'accent mis sur le développement de la compétence parentale.

Les buts, les orientations et les mécanismes de fonctionnement sont décrits dans un document de référence, appelé *Livre bleu*, que tous connaissent, y compris les enfants. Les parents, les enseignants et les autres intervenants qui se joignent à l'école s'engagent à faire vivre concrètement le projet éducatif qui y est décrit et où se retrouvent les fondements de l'école et de sa philosophie. Les mécanismes relatifs au leadership partagé entre tous les acteurs y sont également précisés.

Ce *Livre bleu* est le contrat moral qui lie tous les acteurs de l'école. Y sont clairement expliqués sa mission, le fonctionnement de l'école, ses orientations, le rôle des parents dans la vie communautaire, démocratique et pédagogique de l'organisation. Outre une mission commune à tous, l'accent est mis sur la qualité des communications au cœur des partenariats, des comités et entre tous les agents interagissant à l'école afin que puisse se réaliser le projet éducatif. L'une des conditions du leadership partagé réside en effet dans le partage des informations et des connaissances qui mènent à des décisions éclairées et à des initiatives pertinentes. Si Jean-Pierre Picard, le cofondateur de l'école, n'avait qu'un conseil à donner à d'autres écoles qui souhaiteraient s'inspirer du leadership exercé à l'école Tourterelle, ce serait qu'elles se donnent un but commun et travaillent toujours en fonction de l'atteinte de ce but. Ainsi, le *Livre bleu* précise une cible commune et les moyens à prendre pour l'atteindre.

La codirection de l'établissement scolaire

Jean-Pierre Picard, directeur de l'école de 2002 à 2011, nous précise que l'organigramme de l'école tel que décrit dans le projet éducatif correspond davantage au cadre de référence traditionnel souhaité par les administrateurs publics qu'à la réalité vécue.

Mais si l'on pouvait reproduire le processus de décision, dit-il, les différents rôles et responsabilités dans un organigramme, celui de l'école Tourterelle ressemblerait davantage à une araignée dont le cœur serait le projet éducatif avec diverses ramifications.

Au centre du processus décisionnel, le conseil d'établissement détient les pouvoirs que lui confère la Loi sur l'instruction publique du Québec. À l'école Tourterelle, il regroupe des parents, des enseignants, un membre du personnel de soutien, un employé du service de garde, deux membres de la communauté, la direction, de même que des enfants, au besoin, pour les questions qui les concernent. Ce conseil d'établissement est le principal lieu de concertation du fonctionnement de la communauté de l'école Tourterelle. Il met sur pied et supervise les comités de travail permanents et les comités *ad hoc*. Il est responsable du bon fonctionnement du service de garde. Il assure le respect de la mission, des principes et des valeurs du projet éducatif de l'école. Il est également représenté au sein de sa ville et dans les milieux éducatifs du Québec. Tous peuvent assister aux réunions du conseil d'établissement, à titre de membres attitrés ou d'observateurs souhaitant exprimer leurs points de vue au cours d'une période prévue à cette fin dans l'ordre du jour. Toutes les informations découlant de ces rencontres sont accessibles sur le site Internet de l'école à l'intention des partenaires concernés.

Le conseil d'établissement est consulté sur presque toutes les décisions touchant l'école. Cinq parents élus en assemblée générale y siègent. Cependant, on ne consulte pas les parents sur le dossier de chaque élève, car il importe d'en protéger le caractère confidentiel. Un exemple de prise de décisions conjointe a été le changement de bulletin prévu par le ministère de l'Éducation, du Loisir et du Sport. Lorsque ce changement a été annoncé, tous ont travaillé ensemble afin d'obtenir une dérogation et de conserver l'approche du bulletin maison avec leurs propres modalités d'évaluation, sans notes quantitatives. Et ils ont réussi.

Ce conseil d'établissement chapeaute les 15 comités où siègent et décident enseignants, parents et professionnels. Parmi ces comités, citons le comité d'accueil des nouveaux parents, le comité recherche-action (pédagogie), le comité de formation des parents et des enseignants, le comité des équipements ainsi que le comité de l'environnement. Ces nombreux comités font appel à des compétences et à des expériences variées. Tous les partenaires ont un rôle à jouer : enfants, parents, enseignants, membres du personnel et membres de la direction.

Ces comités sont les lieux d'échange qui favorisent l'appropriation des enjeux, des défis, des ressources et la prise de décisions qui s'y rapporte. Aucune décision touchant l'école, les enfants, le personnel ou les parents n'est prise sans que les divers points de vue soient représentés au préalable. Dans le cadre du fonctionnement général de l'école, toutes les mesures visant à dégager des consensus sont privilégiées, ce qui exige le partage des informations de même que la participation active de tous à la prise de décisions, que ce soit en comités ou aux assemblées générales. On précise également que, tout en souhaitant le consensus, la structure démocratique peut opter pour la règle de la majorité dans le respect de l'opposition minoritaire. Les responsabilités finales demeurent claires, que ce soient celles du directeur ou celles des enseignants ; l'élément moteur est le partenariat unique en vue de réaliser les buts poursuivis.

Les parents qui inscrivent leurs enfants à l'école Tourterelle sont donc invités à jouer un rôle de véritables partenaires avec les enseignants, les professionnels, la direction et même les autres parents, de la réussite et du développement des enfants. Même les enfants ont leur propre comité, car le projet éducatif de l'école favorise l'initiation des enfants à la vie démocratique. Ce comité est composé de neuf enfants élus selon les règles établies par la communauté. Ils sont accompagnés par un adulte qui agit comme personne-ressource et qui est responsable du comité d'élèves. De multiples occasions permettent aux enfants d'exprimer leurs points de vue sur différents sujets et même d'influencer le devenir de l'école. Ils sont ainsi consultés sur l'organisation et sur leur appréciation de l'école dans un partenariat avec les décideurs adultes.

Grâce aux échanges qui se produisent en comités, les représentations communes se construisent, les buts se définissent et se précisent, les apprentissages se font grâce aux multiples lieux d'échange, intégrant les perspectives diverses.

La coresponsabilité

Non seulement les parents participent à différents comités conjoints, mais ils sont aussi appelés à accompagner les enseignants à différentes périodes de la journée. Ce sont tous des coéducateurs. La coresponsabilité s'avère également un principe fondamental, puisqu'il est stipulé que l'enfant, ses parents et les pédagogues travaillent en coresponsabilité et en complémentarité pour assurer le développement harmonieux de l'enfant.

Cette notion de coresponsabilité et les façons de la concrétiser sont abondamment clarifiées dans les diverses interactions au sein de l'école et dans les multiples outils de communication destinés aux parents déjà inscrits à l'école de même qu'aux futurs candidats. La circulation des informations et les communications sont fluides et transparentes. Même le site Internet de l'école se veut transparent quant à l'explicitation des attentes, des objectifs poursuivis, de l'engagement attendu de chacun et des réalisations accomplies. Lorsque les parents se présentent à l'école et s'intègrent dans la réalisation d'un projet avec les enseignants et les enfants, tous comprennent l'apport des uns et des autres à la réussite du projet.

Les quelques 140 enfants de l'école Tourterelle sont répartis en trois groupes d'appartenance comprenant des classes multiniveaux et de différents âges. De cette façon, les enfants plus âgés ou plus aptes sur l'un ou l'autre sujet peuvent appuyer les autres à différents moments. Ainsi, les enfants sont des coéducateurs, tout comme les parents, puisqu'ils peuvent aider leurs camarades dans la réalisation de projets ou l'assimilation de nouveaux savoirs.

Le principe de la coéducation permet aux enseignants et aux parents de travailler ensemble auprès des enfants dans des projets, des ateliers ou toute autre activité. Dans chaque groupe d'appartenance, on retrouve au moins quatre adultes pour chacune des périodes de la journée, soit deux enseignants et deux parents. Pendant que deux parents accompagnent quelques élèves, les enseignants voient à l'apprentissage cognitif d'un groupe de 10 à 12 élèves. Les deux enseignants travaillent en équipe de coenseignement, chacun étant tuteur de la moitié du groupe d'enfants. À la fin d'une semaine, l'enfant aura ainsi partagé l'expertise d'une douzaine d'adultes qui l'accompagnent dans ses projets et ses activités éducatives. Tous ces adultes adhèrent aux mêmes valeurs éducatives et au projet éducatif de l'école. Mais la coéducation ne signifie pas pour autant que tous ont le loisir d'agir comme bon leur semble; les rôles et les responsabilités sont clairement définis tout en privilégiant l'interdépendance.

En effet, même si, à l'école Tourterelle, on travaille selon le leadership partagé, les rôles et les responsabilités entre parents, enseignants et personnel sont clairs et bien communiqués. Comme le précise M. Picard, la responsabilité première de l'enseignement appartient aux enseignants, soutenus par les parents. Il existe cependant une coresponsabilité tant pour les résultats que pour les efforts en vue de les atteindre, chacun faisant ce qui est nécessaire pour appuyer l'enfant dans son cheminement, et cela compte tenu de son rôle, certes, mais aussi de la situation dans laquelle il se trouve. Cette coresponsabilité crée une synergie mobilisatrice des diverses compétences complémentaires tout en réduisant nettement les attitudes passives, les blâmes et la recherche de coupables lorsque des difficultés surviennent. Tous sont invités à faire ce qu'il faut pour réaliser les objectifs communs inscrits au *Livre bleu*, compris et renforcés entre tous. Cette coresponsabilité s'applique lorsqu'il faut prendre une décision, résoudre un problème, gérer les communications ou les conflits, encourager un collègue et réfléchir sur les apprentissages effectués.

Mais l'actualisation de cette coresponsabilité des parents n'est pas laissée au hasard. On leur explique qu'ils sont des coéducateurs, que la relation avec le personnel enseignant est un partenariat et qu'ils doivent fournir une participation minimale le jour. Conscients de la participation qui est attendue d'eux aux diverses séances initiales d'information, ils doivent en plus participer aux quatre séances de formation prévues sur la façon de réaliser leur rôle de coéducateur ; leur participation est également sollicitée à l'occasion des rencontres des unités de coéducation.

Chaque parent s'engage à consacrer au moins une heure par semaine à des activités prévues à l'école. Des représentants des parents assument d'ailleurs une présence constante à l'école, le jour et le soir. Mais lorsque le parent lui-même ne peut pour toutes sortes de raisons respecter ses engagements, il peut au besoin inviter un membre de sa famille, tel un grand-parent, à compléter sa contribution. À défaut de quoi, et après plusieurs tentatives, le parent sera invité à requestionner son désir véritable de travailler en coresponsabilité au sein de la communauté de l'école Tourterelle et, s'il y a lieu, à envisager une autre école correspondant davantage à ses attentes.

L'interdépendance entre tous les membres de la grande communauté de l'école est indispensable à la réalisation des objectifs poursuivis, soit le développement des enfants et celui de la compétence parentale. Car le travail d'éducation de l'enfant ne s'arrête pas à la sortie de l'école de celui-ci, il se poursuit à la maison, d'où l'importance que les enseignants et les parents s'entendent sur des lignes directrices clairement tracées.

Le directeur précise qu'une partie importante de son rôle consiste à reconnaître et à valoriser les acteurs, qu'il s'agisse des parents, des enseignants ou d'autres membres du personnel. Tout cela se fait dans le respect des rôles et des responsabilités propres aux différents acteurs : l'enseignant s'occupe des fondements pédagogiques ; le parent accompagne l'enfant dans les projets et l'intégration des matières ; quant au directeur, il voit à la coordination entre les différents acteurs, les comités et la commission scolaire. L'interdépendance ainsi définie est constamment entretenue dans cette école où chacun perçoit avec précision non seulement sa contribution et celle des autres, mais aussi la complémentarité existant entre tous les intervenants.

L'apprentissage continu

Les fondateurs de l'école alternative Tourterelle ont voulu mettre de côté un modèle traditionnel de leadership reposant sur les épaules d'une seule personne. Ils ont compris que l'école est une communauté de leaders aptes à utiliser leur leadership pour créer un environnement de qualité pour les enfants, mettant ainsi en pratique l'adage selon lequel il faut tout un village pour éduquer un enfant. Dans cette optique, le leadership devient le travail et la responsabilité de chacun, et l'apprentissage continu est un des leviers de son accomplissement. Carl Glickman, un auteur américain prônant la revitalisation du système scolaire, observe que dans un environnement orienté vers un but commun, les enseignants et les parents interrogent sans relâche leurs pratiques, se guident les uns les autres et s'accompagnent dans un processus continu d'apprentissage et d'interdépendance.

L'apprentissage continu constitue aussi une orientation enchâssée dans le *Livre bleu* de l'école et s'énonce comme suit : assurer un questionnement continu des approches pédagogiques et des modalités de fonctionnement de l'école de manière à réactualiser les pratiques des intervenants.

Les lieux d'apprentissage sont formalisés de plusieurs façons. Il y a d'abord un comité de recherche et développement qui vise à assurer une réflexion, une recherche constante sur le développement de l'éducation et des pratiques pédagogiques en vue d'améliorer sans cesse les pratiques des intervenants. Les unités de coéducation sont aussi un lieu privilégié d'apprentissage ; la raison d'être de ces unités est de favoriser les échanges et la coformation des parents, toujours dans l'optique de bonifier les démarches pédagogiques et les interventions auprès des enfants. Une unité de coéducation rassemble les parents de chaque groupe d'appartenance. Sa mission est de soutenir la participation des parents et de susciter les communications et la coformation entre eux. Les responsables des unités sont deux parents élus par le groupe respectif d'appartenance. Mais la responsabilité de la préparation et de l'animation des réunions est partagée entre les parents de l'unité et les enseignants du groupe d'appartenance concerné.

L'école Tourterelle, comme les autres écoles alternatives, se caractérise par une recherche constante d'évolution et agit comme un laboratoire d'expérimentation. À titre d'exemple, l'école, s'appuyant sur les travaux du psychologue américain Matthew Lipman, a été une pionnière en mettant sur pied il y a plus de 10 ans un programme de philosophie pour enfants. Grâce à la diffusion d'un cours de philosophie pour enfants, les intervenants misent sur la capacité de réfléchir et de raisonner afin de prévenir la violence sous toutes ses formes. Dans un article sur le sujet, Pascale Navarro cite les réponses des enfants de l'école Tourterelle à la question « Qu'est-ce que la philosophie ? » Assis en demi-cercle, les enfants lancent des idées. L'un d'eux déclare : « C'est quand on pose des questions. » Un autre enfant dit qu'il aime se battre, sauf le mercredi, parce qu'il a philo le matin et que « ça ne [lui vient] plus à l'esprit [de le faire] le reste de la journée »[3]. Une douzaine d'écoles de la même commission scolaire ont repris l'initiative lancée par l'école Tourterelle.

L'apprentissage du milieu communautaire de l'école constitue l'un de ses fondements où parents, enseignants, enfants et autres intervenants forment une communauté d'apprentissage dans un esprit de coéducation et de coformation. Toute décision est fondée sur la recherche des faits dans un esprit scientifique s'appuyant sur le dialogue. La capacité de générer ainsi un savoir partagé devient la force mobilisante de l'école et l'amène à progresser vers la réalisation de sa mission et de ses principes fondamentaux. Les partenariats entre différents interlocuteurs – parents, enseignants, enfants et autres intervenants – de même que les divers lieux de dialogue, de consultation et de prise de décisions entraînent dans leur sillage des innovations et des améliorations issues des apprentissages mis en commun.

3. P. Navarro (2006), « Les enfants philosophent », *Entre les lignes : le plaisir de lire au Québec*, vol. 2, n° 3, p. 34-36.

Les retombées

Mais quelles sont les retombées de la distribution du leadership entre tous les partenaires ?

Il est plus facile d'aborder les problèmes des enfants avec les parents étant donné la présence régulière de ceux-ci dans les lieux mêmes de l'école et le fait qu'ils collaborent avec les enseignants. Les parents ne sont pas des partenaires distants. Le suivi est beaucoup plus spontané et régulier que dans une école traditionnelle.

Les retombées se situent tant sur le plan des résultats visés concernant le rendement scolaire que sur le plan du climat de l'école et des apprentissages réalisés par tous en cours de route. Jean-Pierre Picard mentionne que la réussite aux examens du Ministère, l'intégration et la réussite au secondaire attestent de la performance de l'école qui se situe au même niveau que toute autre école avec les mêmes indices, les élèves passant les examens prescrits par le Ministère. Notons aussi, parmi les indicateurs de succès, l'obtention du diplôme d'études secondaires en cinq ans par tous les élèves de cette école primaire de même qu'un climat de travail empreint de collaboration et de plaisir.

M. Picard précise qu'à ces indicateurs s'ajoutent ceux touchant l'épanouissement des enfants, le développement harmonieux et le rehaussement des capacités parentales. Une mère dont les enfants sont inscrits à cette école mentionne le fait que l'attention donnée aux élèves par toute une collectivité permet à ces derniers de développer leur personnalité. Le bonheur de venir à l'école se conjugue avec la réussite des apprentissages. L'ambiance au sein de l'école est chaleureuse, semblable à celle d'un village où tout le monde se connaît et a à cœur le bien-être de son voisin.

L'école Tourterelle intègre aussi des élèves en difficulté et s'engage de la même façon derrière les objectifs poursuivis dans son projet éducatif, car, indique Jean-Pierre Picard, « nous avons besoin des autres, quels qu'ils soient, pour évoluer et pour continuer à témoigner de la force du leadership partagé au sein d'une communauté dédiée à ses enfants ». Tout cela s'inscrit dans un développement durable allant bien au-delà de l'école primaire.

Grâce à ce capital collectif de leadership bien orchestré, il se fait jour au sein de tous les acteurs un sentiment d'efficacité collective, une croyance que tous peuvent réussir ensemble à atteindre les buts visés, que ce soit le rendement scolaire, le développement de l'enfant, la qualité de la vie à l'école ou l'accroissement de la compétence parentale. Sans cette confiance collective, il ne saurait y avoir la participation et la mobilisation de tous ; le climat serait marqué par des conflits ouverts ou latents ; le soutien serait insuffisant pour faire face aux défis normaux que doit relever toute école du XXIe siècle. À l'école Tourterelle, les conflits sont gérés et résolus le plus rapidement possible afin de maintenir et de développer ce sentiment de confiance collective. La prévention et la résolution de conflits consituent une responsabilité partagée ; ils ne sont pas du ressort exclusif de la direction de l'école.

Forts des partenariats entre la direction, les enseignants et les parents, les intervenants en sont venus à croire à leur capacité de réussir grâce à la confiance réciproque manifestée entre tous, les parents envers les enseignants, et le personnel envers les parents et les enfants. Les réussites elles-mêmes observées et communiquées à l'ensemble de la communauté renforcent ce sentiment de pouvoir. La réputation et l'appui dont l'école bénéficie dans le milieu confirment la force collective générée par son mode de fonctionnement. D'ailleurs, la liste des partenaires de l'école illustre l'appui dont elle jouit. Dernièrement, des articles dans les journaux locaux ont souligné l'excellence de l'école Tourterelle.

Une autre retombée du leadership partagé au sein de l'école est que s'y crée un sentiment d'appartenance qui n'est certes pas étranger au projet éducatif, aux multiples lieux de collaboration entre les nombreux intervenants, à l'impression de réussir ensemble et de faire du développement de l'enfant une mission collective.

Les défis

Toutefois, malgré ses aspects positifs, ce mode de fonctionnement comporte des défis pour tout parent ou enseignant qui souhaite se joindre à l'équipe de l'école Tourterelle. Certains parents, enseignants ou administrateurs s'adaptent difficilement à ce mode de collaboration où les parents participent davantage, car il leur faut nourrir les mêmes valeurs concernant l'autonomie, le travail conjoint et la prise de décisions partagée avec les parents. Il leur faut, explique M. Picard qui a rencontré au fil des ans tout un éventail de situations, accepter de lutter contre l'égocentrisme et l'individualisme, et surtout s'ouvrir aux idées des autres. Il importe de mettre en œuvre la philosophie de l'école dans les comportements de tous les jours.

Lyne Labrecque et Annie Cliche précisent que tous doivent développer de nouvelles compétences, les parents devenant des coéducateurs non seulement pour leurs enfants, mais pour d'autres enfants. Les enseignants doivent composer avec des parents trop ou pas suffisamment engagés. Enfin, tous doivent faire face aux divergences d'opinions et savoir les réconcilier à travers la recherche de consensus. Le leadership partagé au sein de l'école Tourterelle convient à tous les enfants, nous disent-elles, mais pas à tous les adultes…

Un autre défi réside dans le temps nécessaire pour établir les consensus autour de nouveaux projets ou de nouvelles initiatives, et ce, même si les membres du conseil d'établissement sont ouverts. Entre-temps, certains projets attendent de démarrer. Des parents peuvent avoir de la difficulté à se rallier aux autres sur certaines décisions (comme l'enseignement ou non de certains sujets). Mais une fois les projets acceptés, nous dit Lyne Labrecque, l'engagement de tous ainsi obtenu n'en est que plus solide.

Certains profils d'enseignants sont donc plus propices que d'autres pour réussir dans ce milieu. Ceux-ci, précise la directrice, en plus d'adhérer à la philosophie de l'école, doivent être sûrs d'eux, ouverts et flexibles afin de s'adapter aux besoins des enfants. Quant aux parents, ils doivent s'engager, être disponibles pour les formations, la coéducation, les divers comités et les rencontres où se prennent des décisions. C'est pourquoi les parents, tout autant que les enfants, passent des entrevues en vue de l'inscription des élèves à cette école, leur sélection étant aussi importante, sinon plus, que celle des enfants.

* * *

Le leadership partagé à l'école Tourterelle est un tout, un environnement éducatif composé de personnes mobilisées pour une même mission: le développement des enfants. La force du leadership de toute une communauté est mise au service de chaque apprenant.

La collaboration active et proactive devient l'essence des rapports entre tous les acteurs du projet éducatif et dont la responsabilisation de tous, y compris des enfants, s'avère un levier majeur. Qu'il soit concierge, enseignant ou parent, chacun assume pleinement le leadership qui est le sien compte tenu de son rôle, des mécanismes de consultation et de décision ainsi que des situations quotidiennes.

Les principes d'organisation et de fonctionnement de cette organisation sont basés sur une mission commune et partagée, des objectifs clairs, des attentes explicites de la part de tous les intervenants de même que des mécanismes de décision et de collaboration prévus dans les diverses instances (conseil d'établissement, comités, unités de coéducation, de coformation, etc.). Les bases de ce leadership partagé sont convenues entre tous, révisées au besoin et inscrites dans un document de référence, véritable code de conduite collective. La direction de l'école prend soin cependant de créer un climat et des mécanismes appuyant la confiance mutuelle pour que puisse se réaliser ce projet éducatif.

L'ambiance qui règne dans cette école et la réussite des enfants donnent du poids à une nouvelle conception du pouvoir, axé davantage sur le partenariat, la véritable coresponsabilité. Les résultats en termes de performance scolaire et de développement global de l'enfant ainsi que l'apprentissage de la vie démocratique réalisé par tous parlent d'eux-mêmes, tout comme le plaisir d'accomplir une œuvre collective dont les effets se font sentir bien après le départ des enfants vers d'autres univers. Qui sait, les enfants de l'école Tourterelle seront peut-être les futurs pionniers du leadership partagé dans tous les types d'organisations.

CHAPITRE 8

L'Hôpital général juif de Montréal : un système complexe

Dans ce qui suit, nous décrivons comment s'exprime le leadership partagé dans un milieu réputé pour son leadership collectif et sa culture de collaboration, soit celui de l'Hôpital général juif de Montréal. Symbole de coopération et de solidarité communautaires, et ce, dès la fondation de cette institution, il ressort de ce profil l'impact qu'exerce le leadership partagé sur les soins aux patients, la satisfaction et la rétention du personnel, de même que sur les partenariats innovateurs à l'intérieur comme à l'extérieur de l'hôpital. D'autres hôpitaux, d'autres organisations sont aussi des centres d'excellence, mais ce profil-ci met en relief les efforts déployés pour dépasser un destin d'exclusion grâce au leadership du plus grand nombre d'acteurs et de partenaires, dont le coleadership entre médecins et infirmières dans les soins donnés aux patients.

Que ce soit au Québec, au Canada ou aux États-Unis, les soins de santé font face à des défis sans précédent du fait, entre autres, du vieillissement et de l'accroissement de la population, de l'augmentation des coûts, de même que des sources de financement de plus en plus réduites, sinon précaires. Les urgences débordent et il n'est pas rare de trouver des patients qui attendent des dizaines d'heures avant d'avoir un lit dans les départements. L'Hôpital général juif de Montréal (HGJ) fait face aux mêmes défis.

Comme son nom l'indique, cet hôpital est juif, mais il l'est davantage en raison de ses origines que dans le profil de son personnel ou de ses patients. En effet, l'Hôpital général juif reçoit une proportion importante des nouveaux immigrants appartenant à toutes les communautés religieuses et culturelles, et accueille sans discrimination des médecins, des infirmières et un personnel anglophones, francophones et allophones. La proportion de patients ou d'employés juifs se situe autour de 25 %.

Cet hôpital est aussi cité dans les médias pour sa gestion efficace de l'urgence et, surtout, pour le partenariat en coleadership entre les infirmières et les médecins et ses retombées sur les soins et la rétention du personnel. Il présente un taux de roulement du personnel infirmier parmi les plus bas et les plus stables du Canada, soit 10 %, malgré la pénurie dans ce domaine d'emploi et un taux de roulement élevé partout ailleurs, au Québec, comme dans le reste du Canada. Ce taux de roulement est considéré comme normal par Gagnon et Sourdif (2003)[1], du Centre universitaire de santé McGill, si l'on tient compte des mouvements habituels de personnel. Mais ailleurs, les taux de roulement du personnel infirmier se situent entre 12 et 31 % (le personnel infirmier des blocs opératoires). Selon l'Institut de recherche en santé du Canada, le taux de roulement moyen des infirmières est de 20 %. Le leadership partagé serait l'un des principaux facteurs expliquant le faible taux de roulement à l'Hôpital général juif de Montréal qui est reconnu par l'Institut de recherche en santé du Canada comme extrêment performant.

Les objectifs et la méthodologie

La description de ce profil a été rendue possible grâce à des observations sur le terrain et à la conduite d'entrevues individuelles auprès de 26 personnes, soit les 10 membres de l'équipe de direction, leurs adjoints et les responsables médicaux. Le guide d'entrevue comprenait des questions ouvertes et fermées sur le leadership de la direction, la culture organisationnelle, les partenariats et la codirection entre le personnel médical et le personnel infirmier. Le parcours historique de l'hôpital a également été analysé afin de comprendre ses façons de se représenter, au fil du temps, le leadership au sein de son organisation et de sa communauté. Une analyse documentaire a également été réalisée.

1. S. Gagnon et J. Sourdif (2003), *Dynamique et composantes de la satisfaction au travail chez le personnel infirmier*, rapport interne, Centre universitaire de santé McGill.

L'équipe de direction rencontrée dans le cadre de cette recherche qualitative est composée principalement de trois sous-groupes, soit les responsables des soins infirmiers, les responsables des soins médicaux (urgence, oncologie, radiologie, médecine, chirurgie, etc.) et les responsables des services de support (finances, ressources humaines, etc.). Ces trois sous-groupes ont une mission commune, des valeurs partagées, des enjeux communs mais aussi des préoccupations différentes et diverses avenues de solutions. L'équipe de direction comprend également le président de la Fondation et, bien entendu, le directeur général.

La grande équipe (les membres de la direction et leurs adjoints) se rencontre toutes les deux semaines afin de partager des informations, des préoccupations et de faire état de l'avancement de certains travaux. L'équipe restreinte, ou comité de direction, est composée de 10 membres issus de la grande équipe et se réunit également toutes les deux semaines. Il s'agit des responsables des services infirmiers, des services professionnels, des services techniques, du service des finances, du service des communications, du service des ressources humaines, du responsable des technologies de l'information et de la gestion des données, du directeur de la Fondation et du responsable des projets de construction. Les discussions de l'équipe restreinte portent essentiellement sur des questions opérationnelles et budgétaires.

Les observations visaient à dégager les caractéristiques des échanges entre les membres. Plus spécifiquement, il s'agissait de déterminer, à l'aide d'une grille d'observation du dialogue, les interactions, les divers niveaux de dialogue et leurs conséquences. Ces observations allaient se produire à trois reprises, pour une durée approximative de deux heures trente chacune.

Enfin, divers documents sur l'histoire de l'Hôpital général juif ont été analysés afin de circonscrire les fondements de sa culture organisationnelle de même que ses représentations de l'exercice du leadership. Une analyse a aussi été faite de ses conceptions des défis passés, actuels et à venir de l'hôpital.

Nous présenterons brièvement l'histoire de l'Hôpital général juif afin de comprendre les fondements de sa culture organisationnelle et de son fonctionnement actuel, et de voir comment le leadership partagé y a été véhiculé dès les débuts de son histoire et renforcé continuellement depuis.

Les débuts

Au tournant du XXe siècle, les Juifs de Montréal sont majoritairement ashkénazes, originaires de Russie et d'Europe de l'Est où ils sont de plus en plus victimes de pogroms, ces attaques collectives violentes contre les quartiers juifs. Entre 1850 et 1900, 15 000 Juifs immigrent au Canada, dont plus des trois quarts à Montréal et à Toronto. En 1921, près de 52 000 Juifs habitent Montréal. Ils sont soignés par une cinquantaine de médecins juifs. À titre de comparaison, selon les données de l'Institut canadien de l'information sur la santé, le ratio actuel au Québec est approximativement de 112 médecins pour 50 000 habitants, soit près du double.

La communauté juive de Montréal n'est pas homogène. Les groupes qui la composent n'ont ni le même statut socioéconomique, ni les mêmes pratiques religieuses. Une petite minorité est aisée et habite les beaux quartiers de la ville, mais la majorité vit dans une situation de précarité et habite des quartiers malfamés. Certains membres de la communauté sont pratiquants et d'autres non. Certains sont orthodoxes, d'autres ultraorthodoxes.

L'Hôpital général juif de Montréal plonge ses racines, d'une part, dans le besoin des Juifs d'ici d'être compris dans leur langue et leurs pratiques religieuses et, d'autre part, dans l'exclusion dont la communauté juive faisait l'objet au tournant du XXe siècle. Cette exclusion était vécue non seulement au Québec, mais en Europe et en Russie, même si, à cette époque, le Québec était plus tolérant que d'autres régions.

En 1912, le Dispensaire Herzl, un dispensaire juif, ouvre ses portes près du centre-ville de Montréal, ce qui est suivi, en 1916, par l'ouverture d'une clinique de maternité. Il y aura aussi un centre de soins pour les personnes atteintes de tuberculose. Plusieurs organismes ici et là œuvrent également à l'entraide juive. Peu à peu, une solidarité s'organise autour de la construction d'un hôpital juif, notamment grâce à la Société clinique de Montréal (Montreal Clinical Society). La réalisation et le développement de l'hôpital juif sera le fruit d'un effort communautaire[2].

La Société clinique de Montréal, fondée en 1923, est composée de médecins juifs et est dédiée principalement à l'éducation continue de ses membres, mais aussi à la recherche, à l'amélioration de la santé de la

2. A. Wright (1984), *Our tribute everlasting, 50th anniversary, Sir Mortimer B. Davis Jewish General Hospital, 1934-1984*, Montréal, The Sir Mortimer B. Davis Jewish General Hospital, 1984, p. 25.

communauté juive, à l'éthique et aux bonnes relations entre les médecins. Dès le mois de mai 1924, les membres considèrent de plus en plus l'établissement d'un hôpital juif. En septembre 1924, bien que le Dr Viner, alors président de la Société, conclue que la construction de l'hôpital juif ne peut être envisagée à court terme, les membres conviennent avec lui qu'il y a lieu de sensibiliser la communauté à un tel projet. Cette préoccupation initiale du partage des questionnements et des informations avec le plus grand nombre possible sera déterminante pour l'engagement collectif envers les décisions et les actions à prendre.

Un comité *ad hoc* est alors créé, et déjà quelques fonds, quoique modestes, seront amassés.

En janvier 1927, des leaders de la communauté juive se rencontrent, dont Allan Bronfman, philanthrope et futur président (1933-1955), qui jouera un rôle clé dans la construction ainsi que dans les agrandissements subséquents de l'hôpital. Les leaders décident de tenir dans les mois suivants une grande assemblée avec la communauté afin de discuter de la pertinence de la création d'un hôpital juif.

Au « Jewish », comme il est appelé familièrement, la coresponsabilité entre les leaders et la communauté s'est développée dès le début du projet de construction d'un hôpital, malgré les réticences de certains. En effet, l'idée d'un hôpital juif n'a pas fait l'objet d'un consensus au début, dans les années 1920, mais les leaders du projet ont veillé à associer la communauté et à susciter la mobilisation et le sentiment de responsabilité collective afin de mener ce projet à terme.

Les premiers concepts de l'hôpital ont été discutés dans les divers journaux juifs de l'époque avant qu'une invitation ne soit lancée à un grand rassemblement sur le projet dont le but était de sonder les appuis pour la construction de l'hôpital[3]. Bien que de fortes objections à la construction aient été soulevées par certains membres influents de l'époque, le projet s'est matérialisé et a réuni en son sein toutes les classes sociales de la communauté juive. La première campagne de financement, et toutes les campagnes subséquentes d'ailleurs, démontre une volonté collective de voir le rêve et les autres projets de cet hôpital se réaliser. Toutes les contributions financières sont les bienvenues, des plus modestes aux plus grandes.

3. *Ibid.*, p. 30.

Une étude, commandée par un comité, devra déterminer le besoin et la faisabilité d'un hôpital juif en répondant à trois questions:

1. Existe-t-il une obligation de la part des Juifs montréalais d'offrir un tel hôpital?
2. Si oui, un tel hôpital est-il souhaitable?
3. Cet hôpital est-il faisable?

Les réponses à ces trois questions sont affirmatives. Les résultats sont présentés à l'ensemble de la communauté invitée à en prendre connaissance lors de deux assemblées.

Une campagne de financement s'ensuit, dont le thème sera *Afin que la postérité soit fière de ses ancêtres.* Un comité de campagne est coprésidé en 1929 par Allan Bronfman et Michael Hirsch. La construction, amorcée en 1931, se terminera en 1934. L'hôpital est situé dans l'un des quartiers les plus cosmopolites du Canada, soit le quartier Côte-des-Neiges, où habitent plus de 100 000 personnes issues d'au moins 70 groupes linguistiques.

Les débuts sont marqués par l'importance qu'accorde la communauté juive à se resserrer afin non seulement de se donner les services de santé, mais aussi de ne pas faire subir de discrimination à quelque personne ou groupe que ce soit. Dès les débuts de l'hôpital en 1934, le comité de direction s'engage à ce que son établissement serve tous les patients, indépendamment de leur religion, de leur communauté ethnique ou de leur culture. Cette valeur constitue un des piliers de la culture organisationnelle de l'hôpital. Tout patient, tout candidat à l'emploi est le bienvenu, sans égard à son origine ethnique, à ses croyances religieuses ou à ses pratiques linguistiques. Selon la tradition et les valeurs juives, toute personne qui demande de l'aide ne doit pas s'en retourner les mains vides.

Aujourd'hui, 27 % des patients de cet hôpital public sont d'origine juive, 33 % d'origine francophone catholique et 40 % d'origines diverses[4]. La proportion du personnel est sensiblement la même.

4. Allocution de Henri Elbaz, directeur général de l'Hôpital général juif de Montréal, devant la Chambre de commerce du Montréal métropolitain le 22 novembre 2007.

Le contexte organisationnel

L'hôpital a connu jusqu'à ce jour cinq directeurs généraux : Samuel Cohen (1933-1968), le Dr William R. Slatkoff (1968-1975), Archie Deskin (1975-1991), Henri Elbaz (1992-2008) et le Dr Hartley Stern (depuis 2009). Chacun de ces directeurs a marqué l'organisation à sa manière, avec son propre style de leadership mais toujours en étroite collaboration avec les différents partenaires des communautés tant locales qu'internationales.

La mission de l'Hôpital général juif de Montréal est depuis ses tout débuts d'offrir les meilleurs services de santé en prêtant une attention particulière à une qualité élevée pour les patients et leurs familles, tout en favorisant l'éducation et la recherche afin d'offrir aux patients les résultats les plus probants. Les trois piliers de l'hôpital sont les soins, la recherche et l'enseignement. De plus, l'hôpital travaille en étroite collaboration avec différents partenaires, dont le gouvernement du Québec et d'autres institutions de santé, afin d'améliorer la qualité des soins et de renforcer le système de santé dans l'ensemble du Québec.

L'hôpital accueille plus de 24 000 patients hospitalisés chaque année et plus de 645 000 patients en soins ambulatoires. Son service d'urgence est le plus fréquenté du Québec avec plus de 70 000 patients chaque année. Le nombre d'employés se situe autour de 5 500 ; 680 médecins y interviennent ; les besoins financiers se situent autour de 350 millions de dollars. Plus d'un millier de bénévoles y consacrent près de 100 000 heures par année. Cette organisation est reconnue par les ministères de la Santé du Québec et du Canada pour sa haute performance financière.

L'Hôpital général juif est une organisation affiliée à l'Université McGill offrant des services de santé hautement spécialisés dans presque tous les domaines, sauf la pédiatrie, qui est concentrée dans deux autres hôpitaux dédiés, soit le Centre hospitalier universitaire Sainte-Justine et l'Hôpital de Montréal pour enfants.

L'Hôpital général juif de Montréal est aussi reconnu comme un centre d'excellence en oncologie, cardiologie, médecine d'urgence, médecine familiale et obstétrique-gynécologie. Il est un chef de file en chirurgie robotique. Son Institut Lady Davis, institution vouée à la recherche biomédicale au Canada, est reconnu comme un leader mondial dans de nombreux domaines (cancer, vieillissement, médecine d'urgence, etc.). Son Centre du cancer Segal est le plus grand centre de recherche et de traitement du cancer au Québec.

L'exercice du leadership partagé à l'hôpital

Une mission partagée. Il ressort des rencontres tenues avec les membres de l'équipe de direction et des observations effectuées sur le terrain que la mission de l'hôpital est claire et partagée par tous : les soins aux patients. Elle est au cœur des communications tant formelles qu'informelles. Elle est au centre des discussions et des décisions entre les membres de la direction. Elle est rappelée lorsque les discussions s'égarent, et elle est spontanément énoncée lors des entretiens avec chacun des membres, qu'elle soit sollicitée par une question sur le sujet ou non. Chacun explique en quoi l'exercice de son rôle contribue à l'atteinte de cette mission. Et cela vaut pour tous, personnel médical ou non, infirmier ou non, et ainsi de suite.

À titre d'exemple, si la recherche est au centre des activités des répondants, ces derniers préciseront que leur rôle est d'apporter les résultats des recherches le plus rapidement possible au chevet des patients. Dans un autre contexte, remplissant un même rôle, d'autres indiqueront souvent que leur mission de chercheur est de découvrir tel ou tel traitement contre le cancer. Mais ce qui est différent dans cet hôpital, c'est que le patient fait constamment partie de leurs préoccupations, de leurs réponses, et qu'ils le déclarent en tout temps, que ce soit au cours des entretiens ou pendant les réunions d'équipe.

Les répondants expliquent d'emblée que chacun des membres de l'hôpital a un rôle important à jouer à l'égard de cette mission, peu importe la portée de celle-ci. Ils soulignent l'apport des infirmières, des médecins, tout comme celui du personnel de soutien, des chargés de projets, des responsables des communications, voire des bénévoles. En outre, plusieurs relèvent le besoin de toujours mieux comprendre chacune des directions que prennent leurs collègues, lesquelles impliquent des enjeux, des risques, des ressources disponibles et nécessaires, des avancées scientifiques, un plan d'action et des suivis à faire. Ce type de demandes illustre non pas des insatisfactions, mais le niveau d'engagement de l'équipe dans la réalisation de la mission commune, en vue de mieux y arrimer la mission respective de chacun.

Les membres de l'équipe de direction expriment lors des entretiens le besoin de réfléchir en profondeur aux enjeux actuels et à venir, notamment en cocréant une perspective commune de l'avenir et des moyens de l'atteindre, afin de pouvoir réaliser leur mission.

Bref, la mission est forte, engageante et mobilise les efforts de tous.

Les valeurs. Outre une mission commune forte centrée sur les soins dispensés au patient, il existe un ensemble clair de valeurs communes et bien ancrées qui servent aux membres de l'organisation de points de référence dans la prise de décisions et dans la direction qu'ils souhaitent donner à leur organisation, aux différents départements et aux Centres de recherche. Au cœur de ces valeurs se trouve l'importance du dialogue franc, ouvert et direct qui supporte la construction de compréhensions claires et partagées.

D'autres organisations ou équipes ont des valeurs à la base de leur fonctionnement en équipe, mais ce qui distingue cette organisation, c'est la force avec laquelle chacun des membres de l'équipe les manifeste. Des divers entretiens et observations ressortent cinq valeurs, qui constituent en quelque sorte l'ADN de la culture organisationnelle. Ce sont, outre les soins donnés aux patients, la recherche de l'excellence, l'inclusion, le respect mutuel, les partenariats sous toutes leurs formes et l'ouverture. D'autres valeurs se greffent sur celles-ci : la compassion, la dignité et le respect des patients et de leur famille, le travail d'équipe, les connaissances, l'innovation et l'intégrité.

La recherche de l'excellence. Toutes les personnes rencontrées accordent une grande importance non seulement à l'atteinte, mais au dépassement des plus hauts standards d'excellence. Pour ce faire, les membres de l'équipe cherchent continuellement à améliorer les façons de faire, à être informés des avancées les plus récentes sur les plans scientifique, technologique ou autres. La curiosité intellectuelle, qui est à un niveau très élevé, va au-delà des applications strictes de leur premier domaine de responsabilités. Ils n'hésitent pas à s'inspirer des découvertes relatives à la technologie, à la gestion, voire à l'ingénierie, pour s'améliorer continuellement. Quoique centrés sur leur domaine respectif d'expertise ou de responsabilités, ils sont avides de comprendre les paramètres de l'excellence dans les domaines de leurs collègues ou partenaires. L'Hôpital général juif de Montréal a d'ailleurs été le premier hôpital au Québec à transmettre publiquement les données statistiques sur son rendement (indicateurs de qualité).

Certes, cette attitude s'observe dans tout milieu universitaire et hospitalier, mais ce qui surprend, c'est la force avec laquelle tous les membres de l'Hôpital général juif expriment cette croyance dans l'excellence. Dès ses débuts, par exemple, les fondateurs ont voulu s'inspirer des meilleures pratiques dans la construction de l'hôpital. Ainsi, pour leur étude de faisabilité en 1929, les membres du comité ont recueilli les opinions, les analyses et les statistiques des hôpitaux auprès des administrateurs hospitaliers et des médecins (juifs et non juifs) du Québec et auprès de ceux de New York, Boston, Baltimore, Cleveland et Saint Louis[5]. Un autre exemple est l'implantation, au moment où ces lignes sont écrites, d'un projet-pilote d'utilisation du iPod Touch aux soins intensifs. L'objectif est d'offrir au personnel infirmier un accès rapide à l'information et d'optimiser ainsi le temps passé avec les patients. Il y a aussi l'implantation de l'approche de gestion Six Sigma, qui vise l'amélioration de l'efficacité et de la qualité des processus, ainsi que les programmes de formation au leadership des jeunes médecins et infirmières.

La recherche de l'excellence devient pour les intervenants un corollaire de leur volonté d'être à la fine pointe des connaissances, dans tous les domaines qui les concernent. Ils le disent d'emblée en même temps qu'ils soulignent les prix obtenus par leurs collègues ou les avancées réalisées par ceux-ci. Ainsi, la majorité des répondants posent à leur tour des questions sur nos observations et sur les dernières publications d'Édith Luc dans le domaine du leadership. Cette façon de faire n'est pas habituelle.

Par ailleurs, Lynne McVey, qui était lors de nos entretiens directrice des soins infirmiers, précise que l'hôpital a toujours valorisé l'embauche d'infirmières détenant un diplôme universitaire en nursing et que les infirmières sont soutenues de toutes les manières possibles pour qu'elles puissent terminer leurs études universitaires. Mme McVey est elle-même professeure agrégée à l'École des sciences infirmières de l'Université McGill. Ce niveau d'exigence fait que l'approche des infirmières est beaucoup plus scientifique et pragmatique, et que ces dernières sont plus aptes à affirmer les paramètres de leur collaboration avec les médecins. Cette recherche de connaissances est communiquée dans les multiples activités de recherche et à la faveur des nombreuses initiatives d'information et d'éducation ouvertes à un très large public.

Bref, la recherche de l'excellence à travers l'adoption des meilleures pratiques est omniprésente à l'Hôpital général juif de Montréal. L'Institut canadien d'information sur la santé, dans son rapport 2013, le reconnaît d'ailleurs comme l'un des hôpitaux les plus performants au Canada.

5. A. Wright (1984), *op. cit.*, p. 30.

L'inclusion. Cette autre valeur, inscrite dans les principes fondateurs de l'hôpital, fait partie du code de conduite du personnel et des bénévoles. Rappelons que l'initiative de construire un hôpital juif a été précipitée lorsque quelques médecins d'un hôpital de Montréal ont déclenché une grève de 24 heures pour protester contre la présence d'un étudiant en médecine d'origine juive, et ce, malgré les objections de leur direction générale et des autres médecins de l'hôpital en question. Cet outrage a non seulement accru la mobilisation des membres de la communauté juive pour leur propre hôpital, mais les a incités à devenir un exemple de tolérance visible pour tous.

Dès ses débuts, cette organisation a proclamé que les soins seraient donnés à tous, sans égard à leur langue, à leur religion ou à leur capacité de payer[6]. L'équipe de direction est d'ailleurs elle-même un exemple d'inclusion. S'y retrouvent des francophones, des anglophones et des juifs; ce qui importe, ce n'est pas l'origine des personnes, mais l'habileté à répondre aux besoins des patients.

Un autre exemple d'inclusion concerne le programme de qualité de l'hôpital, où les patients sont invités à faire partie de divers comités afin de partager leurs points de vue sur la sécurité ou la qualité des soins. Cette inclusion est fondée sur les résultats de recherches qui démontrent que la participation des patients à la prise de décisions relative à leur propre programme de soins améliore aussi bien les résultats des traitements que leur satisfaction. Poussant plus loin la logique, l'hôpital invite les patients et les familles à participer activement à l'amélioration de la qualité des soins et de la sécurité de façon générale. Les exemples d'inclusion abondent dès que l'on franchit le seuil de l'hôpital. La communication sous toutes ses formes, avec le plus grand nombre possible d'interlocuteurs, constitue l'une des stratégies maîtresses des membres de cette institution pour développer continuellement le capital de bonne volonté autour de l'hôpital.

Le respect de chacun. Lors des entretiens et des observations, on a pu constater que chacun valorise la contribution des autres, que personne n'est dénigré ou critiqué personnellement, même si les attentes à l'égard de la performance ne sont pas toujours comblées. Comme la recherche de l'excellence est une valeur bien affirmée, il va sans dire que les tensions

6. *Ibid.*, p. 29.

sont parfois vives lorsque les résultats ne sont pas à la hauteur des attentes; les commentaires portent alors sur les besoins des patients et sur l'excellence attendue selon les plus hauts standards, et non sur les déficits des personnes en cause. Et cette valeur du respect envers les bénévoles, le personnel, les patients et leur famille est appliquée partout dans l'organisation, qu'il s'agisse du préposé à l'accueil ou des médecins qui prennent le temps de diriger un patient à la recherche d'un local. La consultation des patients sur leur satisfaction inclut également les patients ayant reçu des services en psychiatrie[7].

Cela ne veut pas dire qu'il n'existe aucun manquement au respect; ce serait somme toute impossible. Mais tous les efforts sont faits afin que cette valeur soit véhiculée concrètement par tous et partout: des pénalités sont ainsi prévues pour des manquements au respect, par exemple de la part du personnel médical envers le personnel infirmier.

La constellation de partenariats. Il ressort des observations et des entretiens de même que de l'analyse des documents historiques que cette organisation est nettement orientée vers l'établissement de partenariats avec les milieux d'ici et d'ailleurs, au niveau national comme au niveau international. Ainsi, dès les débuts, le Dr Viner et les autres instigateurs du projet de construction de l'hôpital se sont associés avec les membres des autres groupes juifs de Montréal dispensant des soins, avec la communauté d'affaires de l'époque (par exemple, Edgar Berliner, directeur de RCA Victor, a financé l'étude sur la faisabilité d'un hôpital), avec les propriétaires de journaux juifs et avec d'autres institutions de santé de Montréal, du Canada et des États-Unis.

Cette conception d'une constellation de partenariats existe encore aujourd'hui; elle fait partie de la vision de l'avenir en cours de définition. C'est ainsi que la direction de l'hôpital a pris des initiatives sans précédent afin d'accroître l'accès à des soins chirurgicaux en formant un partenariat avec les centres de santé hospitaliers des territoires périphériques de la grande région montréalaise; l'Hôpital général juif de Montréal fournit les chirurgiens, tandis que les autres hôpitaux fournissent les salles d'opération. Cette initiative leur a d'ailleurs valu le prix IAPC/Deloitte pour leur leadership dans le secteur public. Le Dr Hartley Stern, le directeur

7. « Satisfaction in psychiatry », *JGH News*, printemps 2012, p. 22; http://jgh.ca/documents/116/JGHspr2012E.pdf.

général de l'hôpital, souhaite multiplier le nombre de partenariats externes afin de renforcer à la fois le leadership collectif de toutes les personnes qui poursuivent une même mission et le capital intellectuel collectif. Cette façon de faire est conforme aux meilleures pratiques. En effet, les résultats de recherches effectuées au Massachusetts Institute of Technology par le professeur Pentland, du Laboratoire d'études et de recherches sur les dynamiques humaines, révèlent qu'un des facteurs qui caractérisent les équipes hautement performantes est le nombre de partenariats qu'elles établissent tant à l'extérieur de leur équipe qu'à l'extérieur de leur organisation[8].

L'ouverture. Comme le dit Menachem Ben-Sasson, président de l'université hébraïque de Jérusalem : « La connaissance n'a rien à voir avec le secret mais plutôt avec l'ouverture. » L'ouverture est la valeur qui transcende toutes les autres valeurs dans cette organisation. Elle est à la base de la recherche de l'excellence ; elle est un préalable à l'inclusion ; elle est associée étroitement au respect de chacun ; elle est une condition pour être à la fine pointe des connaissances et pour établir des partenariats internes ou externes, au-delà des limites organisationnelles. Cette valeur de l'ouverture, qui est consacrée par tous les intervenants, les amène à se renouveler continuellement, à remettre en question leurs façons de faire, à intégrer de nouveaux savoirs et à s'inspirer des meilleures pratiques.

Le coleadership au sein de la direction

Le Dr Stern a une approche participative de leadership et de gestion, où les membres de la direction se rencontrent au moins deux fois par mois et certains d'entre eux (le comité exécutif) se rencontrent chaque semaine. Cette façon de faire crée, dit-il, un esprit collectif, permet l'appropriation des enjeux et des défis, favorise les échanges. Il invite même des équipes entières de l'hôpital à venir rencontrer les fonctionnaires des ministères de la Santé lorsque ces équipes sont mieux placées pour présenter un programme de soins. Des membres de l'équipe exécutive se réunissent aussi plusieurs fois par semaine. En outre, afin de faciliter la prise

8. A. Pentland (2012), « The new science of building great teams », *Harvard Business Review*, vol. 90, n° 4, p. 61-70.

d'initiatives et de décisions, le directeur de l'hôpital partage avec ses collaborateurs et toute personne intéressée les informations sur les ressources financières, ce qui inclut les résultats de ses discussions avec les bailleurs de fonds. Ces rencontres nombreuses et régulières sont caractéristiques des équipes les plus performantes, celles qui réussissent à innover, à atteindre leurs objectifs de performance, voire à les dépasser. Lorsque des membres deviennent parties prenantes à la prise de décisions, ils manifestent encore davantage le désir d'être mieux informés, mais le bénéfice premier est qu'ils sont davantage engagés dans l'action.

L'une des caractéristiques du travail selon le leadership partagé est la responsabilité véritablement répartie entre les membres d'un groupe à l'égard des résultats visés et atteints de même qu'en ce qui concerne les efforts à déployer pour atteindre ces objectifs.

Le partenariat médecin-infirmière et patient

La coresponsabilité des membres de l'Hôpital général juif est encore plus tangible dans sa cogestion entre les médecins et les infirmières. Depuis plus de 30 ans, me dit Valerie Frunchak, directrice de la formation et du développement du personnel infirmier, l'institution s'investit dans l'implantation d'une cogouvernance entre les directeurs médicaux et les directeurs des soins infirmiers, entre les médecins et les infirmières.

Cette cogouvernance a d'abord été inspirée par l'approche Magnet, qui se veut une reconnaissance donnée par l'ANCC (American Nurses Credentialing Center) et qui atteste de différentes mesures prises en milieu hospitalier, dont la qualité des soins, la satisfaction du personnel infirmier, un faible taux de roulement et un style de communication ouvert, valorisant et participatif entre les médecins et le personnel infirmier. Après plusieurs analyses, des revues de la littérature et des meilleures pratiques, le concept Magnet dans sa forme stricte a été étudié, mais l'Hôpital général juif de Montréal a préféré élaborer sa propre philosophie et ses pratiques en matière de management collaboratif où les médecins et les infirmières travaillent ensemble pour offrir les meilleurs soins aux patients. Il y a au centre du concept Magnet l'objectif de valoriser le travail du personnel infirmier, alors que les membres de l'Hôpital général juif de Montréal souhaitent plutôt une cogouvernance dans l'intérêt premier du patient.

Depuis une trentaine d'années, les infirmières sont formées à ouvrir le dialogue avec les médecins et à leur présenter les situations à traiter, au bon moment et de la bonne façon. Toutes les infirmières expérimentées sont aussi appelées à former les plus jeunes aux compétences de communication, d'analyse et de résolution de problèmes avec le corps médical. Les valeurs du travail d'équipe et de la collaboration sont renforcées tant par la direction des services professionnels qui encadre les médecins que par la direction des soins infirmiers. Les étudiants en médecine sont aussi entraînés à adopter cette approche dans leurs interventions. Cette culture de collaboration a été formalisée dans la structure organisationnelle, alors que les partenariats sont clairement indiqués. Le tableau 8.1 est d'ailleurs communiqué au cours de différentes formations.

TABLEAU 8.1

Les partenariats infirmière-médecin[9]

Direction des soins infirmiers (DSI)	Direction des services professionnels (DSP)
Directrice adjointe des soins infirmiers	Chef médical
Infirmière-chef	Médecin responsable
Infirmière	Médecin
Étudiante en soins infirmiers	Résident

La coresponsabilité dans la gestion des soins aux patients vise à optimiser la performance relative aux soins, le patient étant toujours au centre des décisions. Cette coresponsabilité n'a donc pas pour objectif principal la satisfaction du personnel infirmier.

Les données démontrent que ces types de collaboration réduisent la mortalité de 40 %, alors que les types de collaboration jugés faibles augmentent le taux de complications de 58 %[10]. En outre, la collaboration fait

9. Ce tableau reproduit celui publié dans *Perspective infirmière*, juillet-août 2010.

10. M.B. Jennings, J. Disch et L. Senn (2008), « Leadership », dans R.G. Hughes (dir.), *Patient safety and quality: An evidence-based handbook for nurses*, Rockville, Md., Agency for Healthcare Research and Quality, chap. 20 ; J.G. Baggs *et al.* (1992), « The association between interdisciplinary collaboration and patient outcomes in medical intensive care », *Heart Lung*, vol. 21, p. 18-24 ; J.G. Baggs, M.H. Schmitt, A.L. Muslinn *et al.* (1999), « Association between nurse-physician collaboration and patient outcomes in three intensive care units », *CRIT Care Med*, vol. 27, p. 1991-1998.

que les incidents sont davantage rapportés, ce qui permet d'en discuter, de les analyser et d'abaisser la probabilité qu'ils se reproduisent. Enfin, la collaboration diminue le taux de roulement du personnel infirmier, en plus d'avoir des effets positifs sur la qualité des soins et sur la réduction des coûts.

Le partenariat entre les médecins et les infirmières est intégré progressivement depuis plusieurs années. Et c'est le patient et sa famille qui constituent le centre des discussions entre eux. Pour réussir une telle collaboration, il faut relever des défis, développer des compétences de communication et de dialogue et susciter des habitudes chez les partenaires. Ainsi, Lynne McVey raconte qu'elle avait dû « entraîner » son vis-à-vis médecin à prendre en compte son avis dans les décisions de traitement et le suivi des patients. Elle parle d'une situation où le médecin avait oublié de l'informer d'un changement de traitement pour un patient. Elle s'est alors fait un devoir de l'appeler, et de réaffirmer l'importance de son rôle et de sa participation, puis de lui expliquer que le protocole de traitement décidé dans le cas en question n'avait pas pris en considération certains éléments du dossier du patient, dont l'interaction négative entre certains médicaments.

Le médecin a vite saisi la pertinence de cette collaboration. Il n'était pas de mauvaise foi, mais il avait besoin d'apprendre à travailler avec les infirmières d'une façon différente de celle qu'on lui avait enseignée durant ses années de formation. Depuis, les communications se déroulent dans un véritable partenariat, certes formalisées à travers des rencontres statutaires, mais le plus souvent informelles selon les besoins et les enjeux. Le médecin et l'infirmière ont créé un partenariat soudé qui agit en étroite interdépendance. Tous y gagnent, le patient et sa famille mais aussi toute l'équipe professionnelle. D'autres chefs médicaux et chefs infirmières ont réitéré les bénéfices de cette cogestion.

La coresponsabilité entre les médecins et les infirmières est fondée sur un respect mutuel, des rôles et des responsabilités claires mais complémentaires. L'infirmière ne remplace pas l'expertise du médecin, mais elle la complète par ses propres observations du patient, ses compétences en nursing et sa connaissance du milieu familial, propice ou non au protocole de traitement et à la convalescence. Mais chacun doit néanmoins affirmer son leadership. Car le leadership de soi (*self-leadership*) est au cœur du leadership partagé.

Chaque partenaire d'une relation sous le mode du leadership partagé a besoin d'être son propre leader, de se connaître et d'agir dans les situations où il peut exercer son autonomie et son contrôle. Chacun doit se demander : « Quel impact est-ce que j'ai ou est-ce que je peux avoir dans la situation ? Qu'est-ce que j'ai besoin de faire ? » En légitimant et en valorisant la place du personnel infirmier dans les partenariats avec les médecins relativement aux patients, cette organisation hospitalière favorise à la fois le leadership de chacun et le leadership de l'ensemble. Il existe d'ailleurs au sein de l'hôpital un programme d'entraînement au leadership partagé instauré pour les jeunes médecins et infirmières, lequel vise à développer les notions et les pratiques en cette matière. Il est encore au Québec une exclusivité de l'Hôpital général juif.

Cette culture organisationnelle de collaboration est également présente dans la composition même de l'équipe de direction, puisqu'on y trouve des directrices de soins infirmiers assises à la même table que les directeurs de départements. Lors des entretiens, les répondants ont soulevé le besoin de travailler encore davantage en interdépendance et d'améliorer les processus internes, demandant plus d'occasions de réfléchir ensemble à l'avenir et de découvrir des solutions innovatrices à leurs défis communs.

Cependant, cette volonté de collaboration ne veut pas dire pour autant que, dans un milieu comme celui de l'Hôpital général juif de Montréal où les ressources financières ne sont pas infinies, il n'existe pas de compétition entre les individus pour avoir accès à celles-ci. Bien au contraire. En effet, certains répondants ont exprimé leur sentiment à ce sujet en déclarant que l'attribution des ressources financières et technologiques ne tient pas suffisamment compte de l'importance et des besoins de leurs propres pratiques. Ils ont suggéré du même coup que le dialogue soit engagé afin de discuter des enjeux actuels et futurs et des diverses stratégies de financement possibles. Comme le dit d'ailleurs Lynne McVey : « Ensemble, on va y arriver. » Car pour réaliser cette mission forte dans un esprit de collaboration, la foi dans la force du groupe doit sans cesse être nourrie. Au sein de la culture collaborative de cette organisation, on trouve les devises *Tous pour un* et *Tous pour le patient*.

Cette force collective est soutenue par le maintien d'une grande confiance entre tous. Ce qui étonne dans les entretiens avec les membres de l'équipe de direction, c'est en premier lieu le très haut niveau de confiance qu'ils ont envers la compétence, l'engagement et la performance non seulement de chacun des autres membres de l'équipe, mais également de l'ensemble des ressources humaines de l'hôpital. Ils n'hésitent pas à souligner les contributions ou les avancées de leurs collègues, d'abord parce que ces réalisations sont régulièrement médiatisées dans les diverses publications de l'hôpital, et puis parce que la direction des communications et la direction générale s'assurent de reconnaître le travail et l'apport de chacun, du personnel comme des bénévoles. Il s'agit de consulter n'importe quel média de l'Hôpital général juif de Montréal pour le constater (voir *JGH News / Nouvelles HGJ*, sur le site Internet de l'hôpital et en format papier).

D'ailleurs, un exemple récent montre bien l'empressement des membres de la direction à protéger et à renforcer ce capital collectif de confiance mutuelle. Tout hôpital, toute organisation prend des mesures afin de prévenir les incidents et les accidents en matière de sécurité. Les études révèlent que les rapports d'incidents dans un climat de dialogue ouvert permettent aux personnes de se corriger et de prévenir les incidents davantage que le blâme, qui ne fait que favoriser l'évitement ou le camouflage des erreurs. Dans un but de transparence et d'éducation tant à l'interne qu'à l'externe, l'hôpital fournit maintenant des informations sur sa performance en matière de sécurité des patients. Il a d'ailleurs été le premier hôpital au Québec à diffuser en ligne ses indicateurs de qualité, dont le nombre d'erreurs médicales, les chutes et la prévention des plaies de lit. Mais devant ces données, un journaliste a accusé l'hôpital de négligence. La direction de l'hôpital a répondu publiquement à l'auteur de l'article en soulignant notamment :

1. « [...] les titres sensationnalistes ne renforcent pas les efforts que nous déployons afin de favoriser cette culture de la déclaration des incidents et des accidents dans nos institutions, qui est vitale pour l'amélioration des soins offerts aux patients. »
2. « [...] Nous sommes fiers de nos employés qui déclarent les incidents et les accidents, et qui aident ainsi des institutions comme l'Hôpital général juif et le CUSM à devenir des établissements hospitaliers plus sécuritaires pour l'ensemble de la population. »

Les archives de l'Hôpital général juif de Montréal font foi également de la confiance collective toujours renouvelée où, d'ailleurs, le succès est rarement attribué à quelques-uns, mais bien au plus grand nombre.

L'amélioration continue par l'apprentissage collectif

Le lecteur aura compris que cette culture de collaboration au sein de l'Hôpital général juif vise l'excellence dans la réalisation de sa mission consistant à offrir des soins de la plus grande qualité à ses patients. Et que pour cela l'innovation, l'amélioration continue et le rehaussement des compétences de chacune des parties prenantes occupent une place importante. Même les patients ont un rôle à jouer. À titre d'exemple, le programme *Speak Up* forme les patients à se faire entendre, à formuler leurs questions au personnel traitant.

Toutes les initiatives prises pour informer et former le personnel, le public, les patients eux-mêmes et leur famille sur n'importe quel sujet pertinent sont les bienvenues. D'ailleurs, la connaissance est une des valeurs phares de l'hôpital et elle se manifeste à tout moment, dans des initiatives multiples comme dans les conversations officielles ou informelles ; toutes les occasions sont bonnes pour apprendre ou pour partager un nouveau savoir. Cette attitude est observée à maintes reprises, lors des entretiens, des observations en réunions d'équipes et dans l'analyse documentaire.

Les exemples à cet égard sont si nombreux qu'il est impossible d'en dresser la liste dans ce chapitre. Mentionnons tout de même quelques exemples. Sur le plan communautaire, l'Hôpital général juif de Montréal a été le premier hôpital du Québec et du Canada à implanter, en 1981, un programme d'information et d'éducation pour les patients atteints de cancer et leur famille (*Hope and Cope, L'espoir, c'est la vie*). Un autre exemple concerne l'initiative qu'a prise l'hôpital afin de divulguer sur son site Internet les indicateurs de qualité liés à la satisfaction de ses patients et à leur sécurité, dans le but de favoriser l'apprentissage continu de tous à la base de l'amélioration. L'information ainsi partagée avec les patients fait partie de la conception du patient comme un partenaire actif et non plus comme un usager ou un bénéficiaire de services de santé. Les patients jouent un rôle de plus en plus actif dans leurs soins de santé, incluant la prévention, le dépistage et le traitement des maladies.

Ainsi, toute personne qui est victime ou témoin d'un accident ou d'un incident à l'intérieur de l'hôpital est invitée à le rapporter afin que des mesures soient prises pour éviter sa répétition et de manière à ce que le personnel puisse tirer des leçons de ces événements. Cela vaut non seulement pour les patients eux-mêmes, les médecins et le personnel, mais aussi pour les visiteurs, les étudiants et les bénévoles. On discute ensuite des incidents rapportés afin de déterminer les causes et les circonstances, et non les coupables, et pour trouver des moyens de les prévenir. Cette approche s'appuie bien entendu sur les lois et les règlements encadrant le réseau de la santé du Québec, mais ce qui distingue l'Hôpital général juif de Montréal, c'est la transparence dont il fait preuve, en plus de faire valoir les bénéfices pour les patients et pour les futurs apprentissages. Le suivi sur d'autres indicateurs de qualité permet à tous de mesurer l'étendue des progrès réalisés ou à réaliser, ce qui construit par le fait même le sentiment d'efficacité collective et la confiance en soi.

Un autre exemple est celui de l'infirmière spécialisée en gériatrie qui va au-devant des patients dans leurs résidences pour personnes âgées afin de prévenir l'aggravation de leur santé et de réduire leurs visites à l'urgence. Son approche clinique est doublée d'une approche de formation sur le terrain. Car en plus de prodiguer des soins, elle forme les membres du personnel de l'établissement, toutes catégories confondues, à déterminer eux-mêmes les critères d'urgence à considérer dans leur prise de décisions.

Un dernier exemple d'apprentissage collectif valorisé est fourni par l'attitude du Dr Stern, le directeur général. Celui-ci n'hésite pas à inviter des équipes entières à rencontrer les directeurs de la santé publique, sans égard au niveau hiérarchique, puisque, dit-il, ce sont les équipes qui sont les plus aptes à présenter les programmes dont elles ont la responsabilité. Cette façon de faire a un double but : les équipes invitées acquièrent une meilleure compréhension des attentes des partenaires externes et elles relaient leurs expériences aux autres intervenants une fois de retour dans l'organisation.

Un dialogue de collaboration

Les observations sur le terrain ont permis de constater qu'à l'Hôpital général juif de Montréal la qualité du dialogue soutient cette culture de collaboration, de valorisation du leadership de tous et d'apprentissage. Un étudiant en médecine en stage à l'Hôpital général juif le rapportait justement à une journaliste du quotidien *Le Devoir* : « Le dialogue ici est vraiment remarquable, [...]. À l'autre bout de la pièce, un médecin opine [dans le même sens][11]. »

L'observation des communications et des entretiens lors des réunions confirme cette capacité de situer les communications à un niveau élevé de collaboration en vue de trouver des solutions et en tenant compte de plusieurs perspectives dans l'énoncé des solutions. Ainsi, les tenants de ce dialogue supérieur intègrent les points de vue des patients, de leur famille, du médecin, des administrateurs, du personnel de soutien et peuvent aussi prendre en considération, selon les situations, d'autres dimensions telles que la sécurité, l'éducation à faire ou les meilleures pratiques. De même, ils peuvent très rapidement ramener les discussions à un niveau supérieur lorsque le propos de l'interlocuteur se situe ailleurs, en se référant au « nous » qui rassemble.

* * *

Le profil de l'Hôpital général juif de Montréal fait clairement ressortir le fait que le leadership partagé qui s'y est développé est le fruit d'une culture organisationnelle misant sur l'effort collectif, la collaboration, la solidarité, l'inclusion sous toutes ses formes et la valorisation des connaissances afin d'exceller dans la réalisation de la mission que représentent les soins aux patients. Une culture organisationnelle n'est pas héréditaire ; elle se transmet au fil des efforts concertés de chacun et des actions de tous.

Le leadership partagé dans cette institution serait-il généralisable à d'autres contextes organisationnels ? Un hôpital est un lieu très complexe où se trouvent des équipes multidisciplinaires composées d'experts et de travailleurs autonomes (les médecins) qui parlent différents langages, qui sont parfois aux prises avec des situations exceptionnelles (comme des épidémies) et dont les sources de financement s'avèrent fragiles. Un grand nombre d'organisations correspondent à ces caractéristiques lorsqu'elles vivent du produit du travail intellectuel de leurs membres, que les équipes constituent la norme de fonctionnement, que leurs revenus dépendent de leur capacité de créer et d'innover, et qu'elles doivent à l'occasion faire face à des crises économiques éprouvantes.

11. L.-M. Rioux-Soucy (2010), « Un hôpital en santé, c'est possible », *Le Devoir*, 28 août ; www.ledevoir.com/societe/sante/295220/un-hopital-en-sante-c-est-possible.

CHAPITRE 9

Implanter le leadership partagé

Loin d'être une division des forces et une diminution de l'autorité, le leadership partagé s'avère une maximisation des sources de pouvoir au sein d'une équipe, d'une organisation, voire d'une société. Loin de diluer l'autorité, le leadership partagé permet de rassembler les différentes autorités autour d'un but commun. Ces autorités sont la responsabilité formelle associée au pouvoir de diriger, l'autorité liée à l'expertise et l'autorité du jugement de l'individu qui est le mieux placé pour intervenir dans une situation donnée.

Les profils décrits dans ce livre font ressortir que miser sur le leadership en tant que force collective permet d'atteindre des résultats qui parlent d'eux-mêmes. Outre l'engagement et le développement du capital social, les organisations connaissent des améliorations significatives en termes de performance financière, académique ou sociale, selon la mission qui leur est propre. Lorsque les membres d'un groupe comprennent qu'ils sont coresponsables tant dans les efforts que dans l'atteinte des résultats, ils sont davantage enclins à prendre des initiatives afin que se réalisent leurs ambitions communes ; ils n'attendent plus aussi passivement le signal d'un leader formel. Tout le monde y gagne. Certaines études rapportent même que les dirigeants dans ces contextes sont moins stressés et se sentent davantage appuyés.

Mentionnons d'emblée qu'implanter le leadership partagé peut se faire de façon spontanée et selon l'évolution naturelle de la culture d'un groupe, comme ce fut le cas pour Zimmer CAS. Cela peut aussi se faire de façon réfléchie et systématique, ainsi que l'illustrent les cas de Leroy Merlin, de Danone et des Innus d'Essipit. Cependant, même si les applications spécifiques varient d'un cas à l'autre, la motivation première de tous les instigateurs du leadership partagé est de mettre à contribution le plus de volontés et de talents possible afin d'accomplir une mission et de répondre à un défi commun. Collaborer pour réussir ensemble.

Cela dit, l'exercice du leadership partagé n'est pas une approche qui exige d'être revendiquée comme telle dans les milieux organisationnels ou sociaux où l'on se trouve ; il n'est pas nécessaire d'annoncer en grande pompe un exercice de leadership partagé. Ce qui importe surtout, c'est de véhiculer les valeurs qui en constituent le fondement et de s'assurer des compétences de base et des conditions requises de son implantation telles que présentées dans ce chapitre.

Tant mieux si les membres d'un groupe sont déjà convaincus des bénéfices du leadership partagé, le nomment explicitement et mettent en œuvre une démarche de changement organisationnel orchestré autour de la collaboration et de la prise de décisions partagée. Dans les faits, cette approche est d'autant plus efficace que la tête de l'organisation adopte des comportements de leadership partagé grâce à l'exercice du dialogue véritable, aux efforts de développement continu de la confiance mutuelle et à la valorisation de la collaboration en vue de réaliser un but commun. Certains auteurs dans le domaine de la gouvernance ou dans celui du leadership partagé militent pour des formations visant le changement de conceptions sur le leadership et le développement du leadership de tous. Ces formations viennent alors compléter utilement la démonstration des comportements valorisés par les leaders formels.

Ce chapitre décrit les valeurs qui sont à la base de l'implantation du leadership partagé, les compétences et les conditions nécessaires au maintien de celui-ci de même que les moyens à mettre en place. Il se termine par quelques mises en garde, car le leadership partagé n'est peut-être pas applicable partout.

Des valeurs communes

Quoique les contextes pour la mise en œuvre d'une approche de leadership partagé soient différents pour chacun des profils présentés, les initiatives prises afin d'opérer selon cette approche s'appuient sur les mêmes croyances fondamentales non seulement des instigateurs de la démarche, mais également des autres répondants rencontrés dans le cadre de ce projet.

Une croyance dans la force collective à travers la collaboration. Il est reconnu par tous que dans les organisations du savoir, un leader, un chef d'équipe ou d'entreprise ne peut à lui seul résoudre les problèmes, souvent de plus en plus complexes, ni convaincre la masse de plus en plus grande des sceptiques. L'une des premières valeurs qui guident la réflexion et l'action suivant le leadership partagé est que le leadership de tous est essentiel et constitue une force collective, une mobilisation plus grande et un gage de réussite plus grand que lorsque les décisions ne sont prises que par quelques-uns. Pour capter cette force collective, la collaboration entre partenaires internes et externes devient le mode d'opération privilégié.

Le respect de chacun. Une autre valeur cruciale est le principe selon lequel les membres d'un groupe sont interdépendants. Pour la réalisation de la mission commune, chaque rôle s'avère nécessaire. Chaque personne mérite d'être respectée, écoutée, et ses besoins doivent être entendus : l'infirmier, le patient, le médecin, le parent, l'élève, l'enseignant, le représentant commercial, le chef d'usine ou le commis. L'inclusion associée au respect est un des fondements du leadership partagé, car elle permet de valoriser la place de chacun, les capacités de tous et la diversité des points de vue dans la recherche de solutions.

La responsabilisation. Les personnes les plus aptes à décider, à agir et à résoudre les problèmes sont celles qui sont les plus près de l'action. Cette autre conviction, partagée parmi les répondants, fait que l'aide à la prise de décisions est rendue accessible aux individus. Ces outils varient d'une organisation à l'autre, mais mentionnons le partage de l'information, des valeurs claires et explicites, une vision partagée, des principes explicites de fonctionnement (par exemple, l'orchestre Orpheus, l'école Tourterelle, Michelin), des formations disponibles (par exemple, Zimmer CAS, l'orchestre Orpheus, Leroy Merlin, Danone) et des plans d'action clairs et partagés (par exemple, Danone, les Innus d'Essipit, Leroy Merlin). La combinaison de divers moyens a pour effet de faciliter grandement la responsabilisation et l'autonomie.

Autorité et éthique. Permettre l'expression du leadership dans tous les domaines ne signifie pas abandonner l'exercice légitime de l'autorité.

Les responsables hiérarchiques des profils décrits croient en l'importance d'équilibrer le leadership partagé et l'autorité légitime. Pour ce faire, ils s'assurent que l'on comprend bien les fondements de leur autorité. Le leadership partagé est un processus qui demande des ajustements au gré des défis, des responsabilités, des capacités et des situations.

L'authenticité. L'authenticité est une valeur qui consiste à dire ce qui est vrai, à ne pas contourner la vérité, à ne pas taire les sentiments. Dans le leadership partagé, cela correspond à partager les problèmes, à en discuter ouvertement dans un discours responsable. L'authenticité dans les communications et le dialogue engendre confiance, collaboration et développement continu. Ces principes fondamentaux, soulignés par une majorité de répondants, suscitent une attitude d'ouverture et de confiance, condition essentielle au leadership partagé. En contrepartie, tout ce qui nuit à la confiance, dont les manipulations ou les atteintes à l'éthique, nuit au leadership partagé.

Les conditions du succès

L'analyse des différents profils confirme que la mise en place du leadership partagé requiert certaines conditions de base et que d'autres conditions sont nécessaires pour le maintenir et le développer (voir la figure 9.1).

Les trois premières conditions requises au sein d'un groupe qui souhaite mettre en œuvre le leadership partagé sont une cible commune, la confiance mutuelle et le dialogue.

Ces trois éléments interagissent de façon dynamique : le dialogue favorise la confiance, mais la confiance est aussi le terreau fertile d'un dialogue ouvert. Le dialogue permet l'émergence des deux, d'une cible commune et l'adhésion à celle-ci, ce qui donne une direction permettant à chacun par la suite de décider et d'agir dans son rayon d'action. Voici comment s'articulent ces trois conditions.

La cible commune. La cible commune, ou la mission collective, constitue le véritable leader d'un groupe appliquant le leadership partagé. Les profils décrits dans ce livre le démontrent bien. Dans les groupes solidement ancrés depuis des décennies dans une tradition de leadership collaboratif, tels que l'Hôpital général juif, les Innus d'Essipit ou l'orchestre Orpheus, on accorde beaucoup de soin à cette cible commune, qu'on définit ensemble, qu'on met à jour et qu'on rappelle continuellement.

FIGURE 9.1

L'implantation du leadership partagé

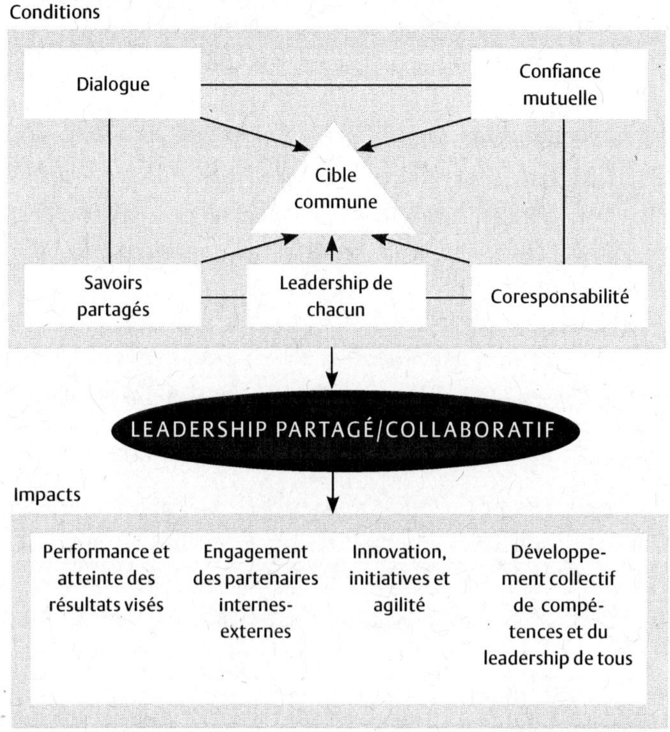

Plus cette cible se construit avec les principaux intéressés, plus la mobilisation s'accroît et plus la résilience est forte devant les défis et l'adversité. L'établissement subséquent de partenariats externes veille alors à cerner le but commun à tous les partenaires de la relation.

La confiance mutuelle. Les membres des groupes qui vivent le leadership partagé établissent, maintiennent et protègent la confiance et le sentiment d'efficacité collective au sein de leur groupe. Certaines études concluent d'ailleurs que la confiance est l'un des préalables les plus remarquables du leadership partagé[1]. Elle semble donc être la caractéristique

1. George, V., Burke, L.J., Rodgers, B., Dithie, N., Hoffmann, M.L., Koceja, V. et Gehring, L.L. (2002). « Developing staff nurse shared leadership behavior in professional nursing practice », *Nursing Administration Quaterly*, 26(3), p. 44-59. ; Shamir, B. et Lapidot, Y. (2003), Shared leadership in the management of group boundaries : A study of expulsion from officers' training courses dans

dominante des groupes étudiés alors qu'on y entend un discours positif, valorisant les uns et les autres. Les membres manifestent facilement la confiance qu'ils éprouvent envers les compétences de leurs collègues.

Il s'avère aussi que la confiance est un résultat du leadership partagé, et non pas uniquement une condition. En effet, d'autres études[2] révèlent que le leadership partagé augmente la confiance, mais aussi la perception d'efficacité personnelle et le sentiment d'efficacité collective des équipes, la perception de leur valeur et de leur autonomie et provoque un sentiment de flot (fluidité des communications, concentration). Il existerait même un impact positif sur la mémoire collective des membres de groupes qui exercent un leadership partagé, ceux-ci se rappelant plus aisément les talents et les compétences de leurs collègues. Le leadership partagé au sein des équipes augmenterait également la perception d'efficacité des dirigeants et des clients internes. La confiance que ressentent leurs équipes amène leur entourage à les considérer comme productives et capables d'atteindre les résultats attendus[3].

Le dialogue. Les deux conditions précédentes, mission commune et confiance mutuelle, sont liées à la capacité de nourrir un dialogue constructif, puisque c'est grâce à la qualité du dialogue entre les parties que se dessinent un but partagé et l'espoir qu'il sera possible de le réaliser.

C.L. Pearce & J.A. Conger (dir), *Shared Leadership : Reframing the hows and whys of leadership*, Thousand Oaks, CA : Sage, p.235-249. By Small, E. E. et Rentsch, J. R., (2010), *Journal of Personnel Psychology*, 9(4), p. 203-211.

2. Voir Hooker, C. & et Csikszentmihalyi, M. (2003), Flow, creativity and shared leadership : Rethinking the motivation and structuring of knowledge work dans C.L. Pearce & J.A. Conger (dir), *Shared leadership : reframing the hows and whys of leadership*, Thousand Oaks, CA : Sage, p. 217-234.

3. Avolio, B. J., Jung, D., Murry, W., et Sivasubramaniam, N. (1996), Building highly developed teams : Focusing on shared leadership process, efficacy, trust, and performance dans D. A. Beyerlein, D. A. Johnson, & S. T. Beyerlein (dir), *Advances in Interdisciplinary Studies of Work Teams,* Greenwich, CT : JAI Press., p. 173-209 ; Solansky, S. T. (2008), Leadership style and team processes in self-managed teams. *Journal of Leadership and Organizational Studies,* 14(4), p. 332-341 ; Pearce, C.L et Sims, H.P. (2002), Vertical versus shared leadership as predictors of the effectiveness of change management teams : An examination of aversive, directive, transactional, transformational, and empowering leader behaviors. Dans *Group Dynamics, Theory, Research and Practice,* p. 172-197.

Yulk (1998)[4] affirme d'ailleurs que l'un des préalables du leadership partagé est le dialogue qu'Isaacs (1999) définit comme l'art de penser ensemble, d'allier la quête de la compréhension et l'envie d'argumenter[5]. Le modèle suivant de dialogue mis au point par Luc (2010)[6] intègre les travaux d'Isaacs et de Scharmer (2001)[7], et y associe soit un leadership horizontal, soit un leadership vertical (voir la figure 9.2).

FIGURE 9.2

Niveaux de dialogue et styles de leadership

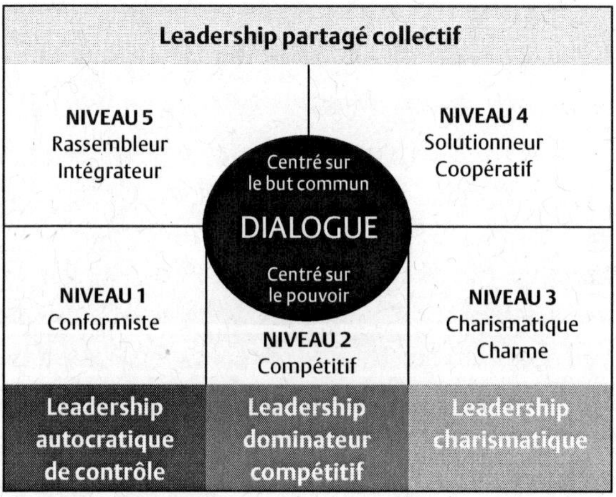

À chacun de ces cinq niveaux de dialogue correspondent différents comportements et différentes compétences. Les dialogues qui sont propres au leadership partagé sont ceux dont le centre est le but poursuivi, puisqu'il s'agit du véritable leader du groupe. Lorsque le dialogue est davantage

4. Yulk, G. (1998), Leadership in organizations (4e edition), Englewood Cliff, NJ : Prentice-Hall.

5. Isaacs, W. (1999), *On dialogue : The art of thinking together*, New York : Currency.

6. Luc, E. (2010), *Le leadership partagé, deuxième édition revue et corrigée*, Montréal : Les Presses de l'Université de Montrél, p. 30.

7. Scharmer, C.O. (2001), Self-transcending knowledge : Organizing around emerging realities dans I. Nonaka et D. Teece (dir), Managing industrial knowledge : creation, transfer and utilization, Thousand Oaks, CA : Sage, p. 68-90.

dominé par la relation dans un rapport d'exécution, de compétition ou de charme, le leadership exercé est alors surtout de type vertical.

Les observations des répondants consultés dans le cadre de ce livre font preuve étonnamment d'une capacité supérieure de communication, axée sur le but poursuivi, mais aussi apte à écouter et à prendre en compte de multiples perspectives.

La maîtrise des cinq niveaux de dialogue permet aux personnes d'adapter leur discours aux besoins de la situation, car parfois il faut savoir commander, tout comme il faut savoir amener la discussion à d'autres niveaux.

D'autres conditions sont nécessaires au maintien du leadership collaboratif une fois qu'ont été déployés les premiers efforts associés à la cible commune, à la confiance mutuelle et au dialogue.

Des savoirs partagés permettent des compréhensions communes, claires et un apprentissage continu. Pour que les membres d'un groupe puissent exercer un leadership entre eux, il faut qu'ils partagent des valeurs, des informations, des connaissances, des leçons apprises, des visions de l'avenir, des défis à relever ainsi que des représentations communes à l'égard du leadership. C'est de cette manière que le groupe coconstruit une lecture fluide du monde, une compréhension des efforts à faire pour relever les défis et réussir. Cette compréhension est rendue possible de multiples façons, à l'aide de divers médias et moyens. Et elle doit sans cesse être maintenue et enrichie. Tous les profils présentés dans ce livre illustrent une approche résolument ouverte au partage de l'information et des savoirs, rien n'inspirant plus les personnes que la vérité elle-même.

Dans les profils décrits, on constate une variété de moyens mis en place, explicitement ou implicitement, afin de s'assurer que les membres acquièrent continuellement une compréhension commune, claire et partagée. Mentionnons les différentes formes de bilans de besoins, les consultations élargies, les formations et les évaluations de toutes sortes sur les indices de performances, les rencontres régulières et ouvertes à tous et le suivi des progrès réalisés.

Apprentissage continu et collectif. L'exercice du leadership de chacun afin d'atteindre un but commun demande d'acquérir de nouvelles compétences et d'augmenter sans cesse le réservoir de capital intellectuel collectif. Ce développement continu devient en soi une source de motivation, au même titre que l'atteinte des résultats visés. Comme le disait Damien Deleplanque, le directeur général du Groupe ADEO (Leroy Merlin), le processus de définition de la vision partagée est tout aussi important que la vision elle-même, puisque les gens apprennent et se développent en cours de route. Ils comprennent mieux les enjeux, les stratégies de la compétition, les besoins des clients, les tendances dans divers pays ; ils apprennent à faire valoir un point de vue ainsi qu'à respecter celui des autres ; ils intègrent les perspectives de divers spécialistes tels que des architectes, des urbanistes ou des sociologues.

D'autres combinent des formations formelles avec le développement continu des capacités. Par exemple, à l'Hôpital général juif, les médecins et les infirmières sont formés au leadership. Ces dernières reçoivent de plus un *coaching* continu sur la façon d'exercer leur leadership auprès des médecins, des collègues et des autres partenaires du réseau de la santé. À l'orchestre Orpheus, les musiciens reçoivent une formation où ils apprennent à quel moment et de quelle manière prendre la parole, en plus d'être invités à une formation sur le leadership soit en tant que participants, soit en tant que formateurs. Chez Danone, le personnel d'encadrement a reçu une formation spécifique intitulée *Tous leaders*. Pour certains auteurs, implanter le leadership exige d'ailleurs des formations visant les changements de paradigmes sur l'exercice du leadership afin que les participants apprennent à exercer différemment leur influence[8].

L'apprentissage, l'amélioration continue, constitue donc l'une des attitudes de base qu'on observe dans les divers groupes présentés et alimente sans cesse la capacité de collaborer. La présence de cette condition rend le leadership partagé plus durable, car non seulement les individus atteignent des résultats supérieurs, mais ils éprouvent le plaisir de se développer en cours de route et de renforcer ainsi leur sentiment d'efficacité personnelle et collective.

La coresponsabilité. Au sein des groupes mettant en œuvre le leadership partagé et qui ont été étudiés dans cette recherche, les rôles et les responsabilités – des directeurs, des conseillers, des infirmiers, des médecins, des parents, des enseignants, des musiciens, et ainsi de suite – sont

8. S. Jackson (2000), « A qualitative evaluation of shared leadership. Barriers, drivers and recommendations », *ALO Journal*, vol. 1, p, 141-156.

clairs. Mais il existe en plus une responsabilité collective, un sentiment de coresponsabilité et d'interdépendance envers les buts visés et dans les efforts pour les atteindre. Ailleurs, dans des organisations marquées par un style de leadership plus autoritaire ou contrôlant, chaque employé a tendance à s'en tenir à son rôle spécifique sans trop dépasser les frontières de peur d'être pénalisé ; le visiteur circule comme s'il était transparent ; le client est facilement ignoré ; le patient dérange ; l'individualisme et les silos de tâches ou d'expertises y dominent.

Dans un contexte de leadership partagé, les membres ne se retranchent pas aussi facilement dans des silos d'expertises ou de responsabilités. L'exercice du rôle de chacun s'exerce pleinement, mais selon une approche collective de responsabilité vis-à-vis des résultats visés et des efforts qui permettront de les obtenir. Les collaborateurs, quels que soient leurs rôles, agissent davantage en propriétaires, ayant confiance dans le fait que leurs initiatives seront bien accueillies. C'est ce que l'on observe en se promenant dans les corridors de l'Hôpital général juif, dans les magasins de Leroy Merlin, dans les installations d'Orpheus à New York ou sur la réserve des Innus d'Essipit. Chacun est concerné par ce que le groupe cherche à accomplir ; c'est ce qui l'amène à faire ce qu'il faut dans la situation où il est placé, à exercer son leadership tout en assumant pleinement son rôle premier, comme l'instrumentiste qui prête une oreille à la performance de l'ensemble en plus de jouer de son instrument.

Le leadership de chacun. Qui dit leadership partagé dit contribution du leadership de chacun à l'atteinte du but poursuivi. Une autre condition du leadership partagé est certes le leadership de chacun et la collaboration de tous à la réalisation de la mission, du but commun. L'exercice du leadership partagé signifie non pas que tout le monde décide de tout, mais que chacun se sent investi de son pouvoir personnel d'abord dans l'exercice de son rôle, puis dans le contexte d'ensemble où il se trouve. C'est ce qui se passe à l'Hôpital général juif où les infirmières et les médecins apprennent à collaborer ensemble dans l'intérêt du patient. Dans un tel contexte, le paradigme du leadership en tant que propriété exclusive d'un individu au sein d'un groupe est remplacé par une conception élargie et dynamique où le leadership est une influence mutuelle entre les personnes afin d'atteindre la cible commune.

Les moyens à mettre en place

Toute personne ou tout groupe qui désire implanter le leadership partagé devra s'assurer d'être un fervent défenseur des valeurs de ce mode de leadership et de mettre en œuvre tout au moins les trois conditions fondamentales, soit cerner la cible commune, développer la confiance mutuelle et améliorer sans cesse la capacité de dialogue. Le tableau 9.1 résume les diverses stratégies à mettre de l'avant et inspirées des cas présentés dans les chapitres précédents.

TABLEAU 9.1

Résumé des stratégies d'implantation du leadership partagé (LP)

PHASES	ACTIONS
0. PRÉPARATION	1. **Identifier les membres du groupe initial/comité directeur et les rencontrer.** 2. **Définir le périmètre d'action**: quels sont les paramètres de l'exercice en LP? Exemples: orientation stratégique, plan, projet, développement de produits, amélioration du service, formation de la relève, relance économique, etc. Pourquoi le faire en LP: engagement, innovation, souplesse, responsabilisation, collaboration ou autres? Cerner les rôles et les responsabilités. 3. **Déterminer les parties prenantes.** Qui est directement concerné par l'enjeu en question (clients, patients, citoyens, consommateurs, fournisseurs, etc.) et dont le point de vue doit être pris en compte? 4. **Déterminer les étapes subséquentes. Devrait-il y avoir d'autres personnes au comité directeur ou aux divers comités** afin d'assurer une diversité de perspectives et la transversalité? Selon la réponse en 2. NOTE: sensibiliser les personnes au leadership partagé, ses conditions, ses défis et ses retombées, permet d'augmenter rapidement l'efficacité du groupe.
I. APPROPRIATION COLLECTIVE: Des informations requises à la prise de décisions a. Des besoins b. Des enjeux, des défis c. Des ressources d. Des tendances e. De meilleures pratiques f. Des valeurs communes à la prise de décisions et aux actions	1. **Rassembler les personnes ciblées, les parties prenantes.** 2. **Déterminer les sources d'information requises pour l'appropriation collective.** 3. **Partager les analyses qualitatives ou quantitatives, les avis d'experts, etc.** 4. **Circonscrire ensemble les valeurs communes, guides aux décisions et aux actions. Ces valeurs se résument-elles en une phrase? Une image?** NOTE: selon le contexte, cette étape peut être brève ou en continu; elle peut se faire en petits groupes puis en grands groupes. Elle peut devenir une caractéristique de la culture organisationnelle. Trois principes clés: inclusion, partage et responsabilisation.

PHASES	ACTIONS
II. DÉFINITION CONJOINTE DE LA CIBLE ET ENGAGEMENT • Il s'agit de circonscrire ensemble la volonté commune et de s'engager à agir, à s'influencer mutuellement	1. **Décider ensemble de la cible commune, des priorités.** S'agit-il de mission, de vision, de but, de futur, ou d'orientations stratégiques ? Quelle image avons-nous de cette cible commune ? 2. **S'engager à réaliser** cette cible commune ; s'entendre sur l'influence mutuelle et réciproque en vue de l'atteindre. NOTE : Convenir de la coresponsabilité dans l'atteinte des résultats et des efforts pour y arriver. En LP, les membres s'influencent mutuellement afin de réussir.
III. PLAN CONJOINT/ ACTIONS ET SUIVIS • Il s'agit de circonscrire ensemble la volonté commune et de s'engager à agir, à s'influencer mutuellement	1. **Convenir d'un plan maître.** Quel sera le plan directeur convenu ensemble afin de réaliser la cible commune et sur lequel se grefferont, s'il y a lieu, les autres plans d'action spécifiques ? 2. **S'engager à réaliser les actions**. Quels sont les indices de progrès, les actions à entreprendre et les prochaines étapes ? NOTE : En LP, la cible commune et le plan maître deviennent le véritable leader du groupe.
IV. EFFICACITÉ COLLECTIVE ET CONFIANCE • En LP, la confiance et l'efficacité collective sont continuellement encouragées. Les actions, le langage parlé, les communications formelles et informelles visent à développer et accroître le sentiment d'efficacité collective et la confiance mutuelle.	1. **Communiquer, souligner les progrès, les encourager et les célébrer.** 2. **Connaître et faire connaître les compétences de chacun.** Valoriser la diversité des points de vue. 3. **Partager les savoirs, les apprentissages, les expériences.** 4. **Développer le leadership de chacun et les compétences du plus grand nombre.** NOTE : En LP, la confiance mutuelle est un capital sans cesse préservé et enrichi. Selon le contexte, il est possible de mettre en place des systèmes qui renforcent la collaboration et la régulation des comportements attendus tels que : code de conduite ; évaluation de la performance collective (*vs* individuelle). Certaines pratiques favorisent le développement du leadership de chacun : exercice à tour de rôle des responsabilités formelles du leadership, de la conduite de réunions, de la direction de projets, etc.
V. PARTENARIATS ÉLARGIS • Le groupe développe continuellement des partenariats au sein de l'organisation, et à l'extérieur.	1. **Développer les partenariats** selon les cibles communes et dans l'intérêt de la collectivité desservie. NOTE : C'est le cycle vertueux du leadership partagé. L'efficacité collective, la confiance et l'apprentissage de la collaboration favorisent d'autres collaborations pour l'atteinte d'une cible commune.

Le fait de s'appuyer sur un diagnostic des besoins et des attentes de la collectivité desservie (clients, consommateurs, patients) et de partager par la suite les résultats avec le groupe concerné constitue un levier fondamental du leadership partagé pour les raisons suivantes:

- Les constats deviennent la propriété du groupe plutôt que la propriété de quelques personnes seulement comme c'est souvent le cas dans des organisations plus traditionnelles où le diagnostic et la stratégie subséquente sont établis en haut de la hiérarchie ou pour elle d'abord.
- La capacité de réfléchir stratégiquement est élevée à l'ensemble d'un groupe lorsque la possibilité lui est donnée de discuter des conclusions, des besoins, des défis, mais aussi des occasions, des obstacles et des scénarios possibles.
- La mise en commun des réactions des uns et des autres au moment de la communication collective du diagnostic permet de développer un sens collectif, une représentation des motivations et des champs d'intérêt de tout le groupe.
- Le capital social devient plus palpable alors que chacun des membres prend conscience des compétences et des volontés présentes dans le groupe.

L'ébauche d'une cible commune, articulée, véhiculée par tous est un sous-produit de cette appropriation collective et conjointe des enjeux, des occasions, des ressources et des obstacles.

Ainsi, et avant même la construction de l'Hôpital général juif, les fondateurs, les protagonistes tout comme les supporteurs ont invité à une assemblée les membres des différentes organisations juives, les gens d'affaires, les professionnels de la santé, les bénévoles et même des opposants afin de valider l'intérêt pour ce projet et les sources de résistance. La communication et la discussion des résultats d'une étude de faisabilité sont devenues le terreau de la mobilisation générale et d'une confiance collective renforcée. Ce partage d'informations sous toutes ses formes se poursuit encore aujourd'hui dans les façons de faire de ce centre hospitalier, qu'il s'agisse de la discussion des enjeux cliniques entre médecins, infirmières et patients, des multiples possibilités de partage des savoirs pour tous ou de la communication à l'ensemble de la population des résultats des indicateurs de qualité – incluant les indicateurs portant sur la sécurité.

FIGURE 9.3

Processus de déploiement du leadership partagé

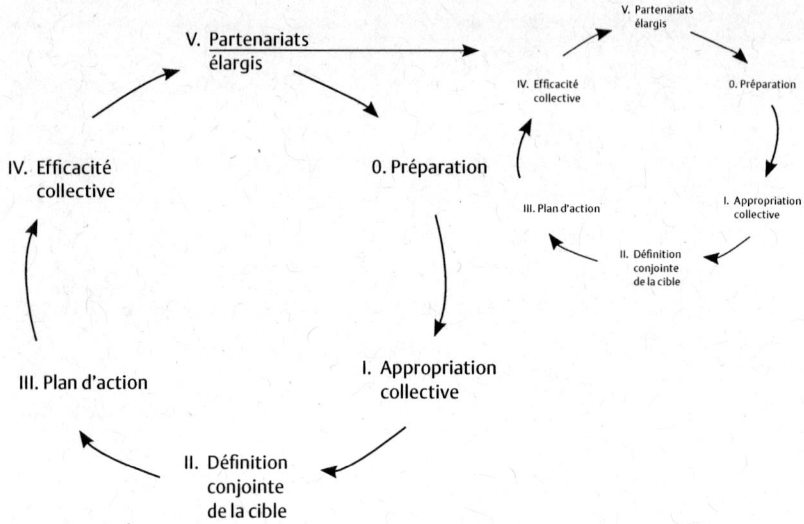

La Première Nation des Innus d'Essipit, qui a changé complètement sa situation sociale et économique, a procédé de façon similaire. Les trois initiateurs innus ont d'abord demandé à la communauté si elle était d'accord avec la mise en place d'une large consultation collective sur ses besoins et ses intérêts. Les résultats ont par la suite été soumis aux parties prenantes. La même approche a été adoptée par Danone et par Leroy Merlin, qui ont fait une lecture commune sous différents angles des enjeux, des meilleures pratiques, des risques et des obstacles à surmonter. De manière plus informelle, les instigateurs d'Orpheus se sont concertés pour déterminer la faisabilité de leur ensemble musical sans chef d'orchestre.

Il n'est pas nécessaire que cette étape soit très formelle. Mais plus elle l'est, plus la mobilisation s'installe, plus l'engagement s'enracine autour d'un but commun et plus les chances d'appropriation des suites à donner augmentent. Plus le leadership partagé dure.

La communication sous toutes ses formes et avec les diverses parties prenantes est cruciale à qui veut implanter un leadership collaboratif. Chaque contexte étant différent, il appartient aux membres d'un groupe de s'assurer que les communications et le dialogue sont efficaces et facilitants. Le piège à éviter serait d'établir des mécanismes de communication qui serviraient uniquement au transfert d'informations. Voici néanmoins une liste de suggestions fondées sur les huit profils :

- une assemblée générale de consultation ;
- des groupes de consultation et de réflexion ;
- une reddition de compte régulière destinée à la collectivité ;
- des réunions statutaires inscrites dans l'agenda entre membres des diverses parties prenantes ;
- des réunions informelles valorisées par la culture organisationnelle ;
- des publications, l'intranet et Internet ;
- des plateformes technologiques de collaboration visant à rassembler le plus grand nombre de personnes dispersées géographiquement ;
- des activités de dialogue intergroupes ;
- des réseaux sociaux et de partage d'expériences.

Pour implanter le leadership partagé et l'inscrire dans la durée, les organisations que nous avons étudiées utilisent des outils concrets d'aide à l'action et à la collaboration sous forme de plans, de principes de fonctionnement, de mesures des progrès ou de stratégies de formation. De plus, des actions suivent immédiatement les décisions afin de sceller le potentiel réel de succès et de développer la confiance et le sentiment d'efficacité collective. Dans tous les profils décrits dans ce livre, il ressort que l'agilité dans l'action et la décision doivent se concrétiser par des mesures immédiates et visibles. Ces premiers succès deviennent alors des symboles de la force collective.

Le leadership partagé convient-il à tous ?

Le leadership partagé peut se déployer dans toutes sortes d'organisations, mêmes les plus conservatrices et les plus traditionnelles. Par contre, dans ces derniers contextes, il sera probablement mis en œuvre dans un groupe restreint ou dans un projet spécifique plutôt que généralisé à l'ensemble de l'organisation.

Il sera cependant difficile d'implanter le leadership partagé dans des milieux caractérisés par des conflits toxiques incessants. Néanmoins, même dans ces contextes où abondent la méfiance et la rancœur, il sera possible, voire souhaitable, d'implanter une certaine forme de leadership partagé. Celle-ci pourra être appliquée d'abord à un groupe restreint afin de rétablir les avenues de communication et de dialogue. Rappelons que la confiance est un des résultats du leadership partagé tout comme un préalable à celui-ci. En instaurant progressivement un dialogue entre des personnes éprouvant une confiance mutuelle dans l'optique de résoudre un quelconque enjeu, il est possible de créer des expériences positives, puis d'étendre petit à petit ce rayon de confiance au reste de l'organisation. Cette transformation peut être réalisée lorsqu'un groupe restreint de représentants formels se réunissent autour d'une mission ; leur capital de collaboration peut être suffisant pour inciter d'autres personnes à leur emboîter le pas.

Même si le leadership partagé peut se vivre à différents degrés dans tous les types d'organisations, certaines personnes sont moins portées que d'autres vers cette forme de leadership. Ce sont des personnes soit motivées davantage par leurs ambitions personnelles, soit peu enclines à faire confiance, ou encore peu aptes à travailler avec d'autres et à rendre disponible leur savoir ou leur savoir-faire. On trouve aussi des personnes qui ont une conception rigide du leadership. En sachant les reconnaître, on pourra mieux circonscrire leur contribution afin de ne pas nuire aux efforts collectifs, tout comme on pourra leur donner des outils de formation et de développement en vue d'améliorer leurs compétences de collaboration et de dialogue.

***

Ce chapitre a fait ressortir les forces motrices du leadership partagé en termes de valeurs, de conditions requises de sa mise en place, et présenté des outils destinés à faciliter sa mise en œuvre.

Concevoir le leadership comme une ressource collective entraîne toute une série de comportements, d'initiatives et d'attitudes qui rehaussent la force de l'organisation tant pour le bénéfice de cette dernière que pour celui de chaque individu et même de la société.

L'industrie du leadership s'emploie encore beaucoup à former des leaders, à se centrer sur les capacités individuelles de quelques-uns de diriger d'autres personnes. Mais il nous faut dorénavant apprendre à pratiquer le leadership partagé, en complémentarité avec le leadership vertical. Car, en ce troisième millénaire, le leadership a une coloration collective. L'individu, le groupe, les organisations et le monde global sont tous interconnectés. Nos défis étant devenus communs, nous avons besoin de l'apport de tous, au sein des organisations comme au sein des sociétés, pour proposer des réponses de qualité.

CONCLUSION

Le leadership partagé pour un meilleur avenir

Nous pratiquons tous une forme ou une autre de leadership partagé ! Que ce soit dans nos familles, dans nos organisations de travail ou même dans nos activités de bénévolat, nul ne peut réussir aujourd'hui dans son milieu social sans exercer à un certain moment son leadership de cette façon, et sans être ouvert à l'influence de ses collègues, partenaires ou employés. Sinon le risque s'accentue de se retrouver isolé, obligé de contrôler de plus en plus un personnel désengagé, mécontent et qui se sent peu responsable des décisions prises à quelque niveau que ce soit dans l'entreprise.

Nous pratiquons le leadership partagé lorsque, face à une situation donnée, la prise de décisions devient concertée avec d'autres partenaires, lorsqu'elle est conjointe plutôt qu'imposée verticalement par un seul individu. Nous le pratiquons aussi lorsque, soucieux de réaliser une mission commune, nous travaillons en interdépendance avec les collègues en mettant généreusement à contribution notre propre leadership, notre savoir et notre savoir-faire, tout en appuyant les autres dans leurs efforts, surtout lorsque le but commun et les valeurs partagées sont les véritables phares dans la conduite du groupe par lui-même.

Le leadership partagé peut se pratiquer et être valorisé de façon intuitive ou réactive, mais il peut aussi être exercé de façon explicite et consciente. Dans ce dernier cas, les efforts seront mieux distribués et les retombées seront d'autant plus efficaces et bénéfiques. Car, comme les études le démontrent, le leadership partagé a des répercussions positives non seulement sur la performance, mais aussi sur la résilience, la satisfaction, la cohérence et l'agilité organisationnelles, de même que sur la gestion du stress des dirigeants.

Mais pour bien pratiquer le leadership partagé, il importe de comprendre ses paramètres et son périmètre d'action. L'objectif de ce livre était de permettre aux lecteurs, chefs d'entreprise, chefs de projet ou professionnels, de saisir concrètement comment il est pratiqué dans huit milieux différents, sous quelles conditions et avec quelles retombées.

Tout auteur cherche à faire une contribution, à être utile au lecteur. La nôtre est de permettre à chacun de comprendre d'autres façons d'exercer un leadership dans nos sociétés, pour une plus grande vitalité de nos organisations et le bien-être accru de tous.

Table des matières

REMERCIEMENTS 9

INTRODUCTION
La dimension collective du leadership 11

CHAPITRE 1
Orpheus : orchestrer la collaboration 21

CHAPITRE 2
Les Innus d'Essipit : la réussite d'une société 37

CHAPITRE 3
Danone : une vision partagée dans la recherche et le développement de talents 55

CHAPITRE 4
Leroy Merlin : une expérience d'ambition collective 81

CHAPITRE 5
Michelin : l'apprentissage du leadership partagé par un groupe d'experts 103

CHAPITRE 6
Zimmer CAS : la fusion de deux entreprises 121

CHAPITRE 7
L'école Tourterelle : pour la réussite et le bien-être des enfants 137

CHAPITRE 8
L'Hôpital général juif de Montréal : un système complexe 153

CHAPITRE 9
Implanter le leadership partagé 175

CONCLUSION
Le leadership partagé pour un meilleur avenir 193

MARQUIS

Québec, Canada

RECYCLÉ
Papier fait à partir de matériaux recyclés
FSC® C103567

Imprimé sur du papier Enviro 100% postconsommation
traité sans chlore, accrédité ÉcoLogo et fait à partir de biogaz.

100%

PERMANENT

BIO GAZ ÉNERGIE